游淑华◎著

英语教学实践与思考

U0645841

厦门大学出版社
XIAMEN UNIVERSITY PRESS

国家一级出版社
全国百佳图书出版单位

图书在版编目（CIP）数据

英语教学实践与思考 / 游淑华著. -- 厦门：厦门
大学出版社，2023.7
ISBN 978-7-5615-9059-1

Ⅰ．①英… Ⅱ．①游… Ⅲ．①英语课-教学研究-高
中 Ⅳ．①G633.412

中国版本图书馆CIP数据核字(2023)第129320号

出 版 人 郑文礼
责任编辑 王扬帆
美术编辑 李夏凌
技术编辑 许克华

出版发行 厦门大学出版社
社 址 厦门市软件园二期望海路 39 号
邮政编码 361008
总 机 0592-2181111 0592-2181406(传真)
营销中心 0592-2184458 0592-2181365
网 址 http://www.xmupress.com
邮 箱 xmup@xmupress.com
印 刷 厦门市金凯龙包装科技有限公司

开 本 720 mm×1 020 mm 1/16
印 张 13.5
字 数 266 千字
版 次 2023 年 7 月第 1 版
印 次 2023 年 7 月第 1 次印刷
定 价 65.00 元

厦门大学出版社
微信二维码

厦门大学出版社
微博二维码

序　一

近日收到我母校漳州一中英语教研组组长游淑华老师即将付梓的书稿《英语教学实践与思考》。她嘱我作序，我欣然允诺。这一方面是出于对母校感恩的情结，希望对母校的教学工作能提供一点微薄的助力；另一方面也是为游淑华老师在中学英语教育事业上多年孜孜以求、敬业探索而获得的成果所触动，觉得理应让此成果得以推广，以便令更多的中学师生受益。

游老师的这本书既包括针对具体教学研究课题的探索总结，也包括在教学理念层面上的开拓创新；既有实践上的意义，也有理论上的突破。其文笔平实又不失生动。读完后能够感受到淑华老师深耕英语教学 30 年的所思、所得，以及对于自己职业的坚守与热爱。

我觉得淑华老师在书中所展现的教育与教学理念与建筑学中如何盖好一栋房子的道理是相通的。简而言之，正确、良好的教育过程也应该如同建造房屋一般脚踏实地、循序渐进。

例如，有一个共同点，我认为可以总结为——基础扎实，则房屋稳如磐石。在淑华老师第一部分教学研究文章中，可以看到她将较多的笔墨花在了词汇教学上。词汇是英语学习的基础，是重中之重，没有宽广扎实的词汇知识作为地基，英语学习就将如建造危楼一般。淑华老师还强调通过英语报刊来为学生提供原汁原味、丰富多样的词汇来源与用法，并不满足仅仅局限于传统的单词表或单词书，而是将单词学习融入阅读报刊这一学习活动中，以进一步拓宽学生学习的视野。其"避免只教语言不教文化"的教学理念，对于学生而言不啻是可以将所学知识最大化的理念，更是站在育人角度上先进的教学理念。在第一部分里，她还将教师备课方法单独拿出来讨论。这正是关注良好课堂基础教学的体现。因为没有教师的细心备课，学生上课的效率便无从保证。

另一共同点则可以总结为——施工方法得当，则效率提升。在强调了基础的前提下，淑华老师非常注重探讨英语教与学的方法。比如在《语言模因论视域下的中学英语写作教学研究》这篇文章中，她把语言学的理论应用于教学实践，对应于语言学习阶段加以研究，力图把握科学教育的方法。在第二部分教学设计章节当中，可以看到淑华老师在备课上课过程中，有很多帮助学生学习的小巧思、小窍门。例如为学生准备课前材料，并将教材内容渗透其中，让学生在对于新课的内容和词汇都有所接触的前提下再进行学习；又如在课堂材料的准备中，全面重视学生阅读、写作能力的训练，以循序渐进、难度递增的方法来设计课堂练习：从简单的概括原文，到总结文章中的有效表达，再到学习范文，乃至仿写范文。

最后一个共同点我认为可以总结为——脚踏实地，守正创新。当下，科技发展日新月异的现状既给教育教学带来了冲击，也带来了机遇。淑华老师这本书中专门将"教育信息化"单独列为一章，将信息技术与英语教学的整合与运用拿出来单独讨论，是符合时代要求的体现。在重视应用与时俱进的信息技术的同时，她强调教师仍然要不断地锤炼自己的基础技能，不断思考改善自己的教学方法。淑华老师的这种千锤百炼的意识，贯穿在此书的每一部分之中，可以看到她不断地反思英语各个单元学习的深入细致的过程。除此之外，还可以看到她非常珍惜在外研学的经历，并且在研学的过程中不断保持问题意识，思考如何可以更好地给学生带来更高效、更有意义的教育。

总之，读完此书能感受到淑华老师在热爱英语教育的过程中，真正站在学生的立场，不断琢磨如何教学，不断钻研何为教育，以及对于"传道授业解惑"的不断坚持与良苦用心。

中国科学院院士

吴硕贤

2023 年 7 月

序 二

半年前，漳州一中英语教研组的组长游淑华老师请我为她的新书写序。因忙于手头的活，这件事被耽搁了许久。恰逢这回五天长假，我便开始阅览游老师书稿的前言、目录、正文和附录。综观全书，发现作者及其文字具有三个方面的特色。

首先，淑华老师"有意识"。意识是一个通俗词语，也是一个心理学和思维学概念。认知科学发现，人的总体思维中，无意识思维是巨大冰山，有意识思维只是冰山一角。无意识就像一只看不见的手，塑造着我们的有意识思维、道德价值观以及我们的计划和行动。事实上，人的成长是从无意识到有意识，再从有意识到无意识的过程，这种过程既是一种进步，更是一种升华。本书前言告诉我们，作者从事英语教学27年，有一个写书出书的梦想，这种有意识的行为得益于她正确的人生观和价值观。

其次，这本新书"有意义"。该书包括"教学策略""课程资源""教育信息化""教学设计""备考方略""教育研究""教学随思""教学微评""研学思考"等章节。这些文字体现了游老师长期的教学信念、工作经验和研究心得，是一线教师实践探究的一手资料，且具有实证性、生动性、可读性等特点，对于刚入职的新手型教师、有多年工作经历的熟手型教师，以及从事英语教育研究的大学教师都有参考与借鉴的价值。

最后，教学故事"有意思"。比如点评教学技能赛，游老师用"撞衫"比喻"撞课"，提出教学的法宝是精心设计，教学的制胜在于细读文本，教学的出奇在于"自选动作"，有创意，颇有见地。再如出国研修随笔中，游老师介绍了在新西兰的"新"见闻，包括街区道路取名文化、逗人发笑的英文广告语，以及那些英国人遗留下无法抹去的"旧"痕迹，饶有趣味。

　　本书汇集了淑华从师范类本科生到行业的佼佼者、从普通的任课老师到融教学与研究于一身的"双师型"教师的工作成果，记录了她自己热爱教育、热心教学、关爱学生、乐于阅读、善于思考、勤于写作的心路历程。从语言符号中，我们可以领略这位荣膺福建省五一劳动奖章、漳州市优秀英语教师等多项称号的教学名师的人生风采。

　　是为序。

黄远振

2023 年 5 月 1 日于福建师范大学

前　言

回望 27 年的教学生涯，犹如昨日，感觉一切才刚开始。无意中翻到曾经的梦想清单，我想写本书的梦想还在，于是序幕缓缓拉开……

整理书稿的过程虽烦琐，但有意思，真的是累并快乐着。早年的文章大都手写，有的纸张泛黄，有的残缺破损，有的虽有打印稿，但电子文档已不见踪影。在某种意义上，整理的过程让我重新审视自己曲曲折折的教学之路。对于内容单薄的文章，我加以拓展充实；对于结构不合理的重新调整；对于语言表达不够准确的，则修改订正。多亏了现代科技，文稿无需一字一句地敲打，有些扫描读取，有些文字录音。最初我是以时间为轴整理文章的，感觉这样对于不同时期的同行可能更有帮助；也曾想过按照词汇教学、阅读教学、语法教学、写作教学等进行分类，但最终书本形成的框架如下：

第一部分教学研究，这是我对教学的思考，包括"教学策略"、"课程资源"和"教育信息化"三个章节。教学策略涉及写作教学、阅读教学、词汇教学。从文章的比例来看，有近半的文章是关于词汇教学的，如此看来，我似乎对词汇教学有些偏爱。其中《从借班授课引发对教师课前准备的思考》一文，源于当时我参加比赛较多，时常要借班上课，有感而写。课程资源是关于英语报刊教学的，这来自少年时代我对读报的喜欢；幸好，一直热爱，未有改变。

第二部分教育教学实践，包括"教学设计"、"备考方略"和"教育研究"三个章节。教学设计涵盖对读后续写、读思、以读促写板块的思考。其中《初中英语第 2 册第 78 课教学构思与设想》一文是我 1999 年参加漳州市说课比赛的文稿。现在回看这篇文章，其教学理念仍不过时。三篇备考方略属于被动式写作，是学校要求备课组长对高考英语复习给出的备考建议。现在看来，有时被动做事也是有意义的，但凡认真了，还是有收获的。教育研究是我对英语教研组工作管理与建设的思考。其中一篇是 2012 年福建省高中英语学科教研组长高级研修班的交流发言，另一篇则是 2022 年福建省普通高中新课程实施视导的工作汇报。

第三部分教学漫记由"教学随思"、"教学微评"和"研学思考"三个章节组成。教学随思主要是我在读黄远振老师的文章后,对抄写、听写、仿写的体会。教学微评是我参加教学活动的感悟评价,包括漳州市区域教研课例点评、作为"华文杯"全国师范生教学技能大赛评委有感。希望通过这些文章,对于正在以及未来从事教育教学的同行有些帮助。研学思考是我参加培训的感想体会。于我而言,培训不仅增长了专业知识,开拓了视野,更让我有幸结识各路"道友"。工作以来,我参加过大大小小不少培训。我选择了其中二次培训与大家分享,其一是新西兰培训,这是我第一次走出国门看世界,我看到了一个真实、立体、多元的世界。时至今日,我依然感触很深。其二是北京观摩学习,这是漳州市首届学科带头人培训,也是我入职后首次出省参加培训。跨越 14 年的时光,回看培训笔记,彼时专家们的话语仍充满哲思。

我还想说说书名。起初想冠之以"核心素养"或"新课标",但因文章有时间跨度,感觉不符合。后改为"英语教学研究与实践"。但是,作为一线教师,日日有教学实践,研究则并不总有,因此最终将书名定为"英语教学实践与思考"。一路走来,且教且思;扪心自问,我还算得上乐教爱思。

每个远方都值得期待,每个当下都值得珍惜。终究,远方会成为当下,当下亦会成为远方。转换之间,遥远的过去,不远的将来,都会成为远方。认真记录,有所思考;心有远方,不负当下。

真心感谢所有关心帮助、鼓励支持我的领导、老师、同事、朋友、家人。由于本人水平所限,对于书中不足之处,敬请读者指正。再次衷心感谢,感恩有您!

游淑华于漳州

2023 年 3 月 20 日

目 录

第一部分 教学研究

第一章 教学策略 …………………………………………………………… 003

语言模因论视域下的中学英语写作教学研究 …………………………… 004

高中英语整体备课思路

——以人教版选修模块七为例 ………………………………… 014

多方法,妙语境,丰富高中英语词汇教学 ……………………………… 020

核心素养背景下英语词汇练习设计:分析与思考

——以人教版高中英语教材为例 …………………………… 025

阅读理解词义猜测题解题技巧及对词汇教学的反拨作用 …………… 032

借班上课引发的对教师课前准备的思考 ……………………………… 039

新课标下初高中英语教学衔接的思考及应对策略 …………………… 043

第二章 课程资源 …………………………………………………………… 047

英语报刊对提升高中生英语阅读能力的作用研究

——以《21世纪英文报》为例 ……………………………… 048

英文报刊与人教版高中英语教材的整合探究 ………………………… 056

高中英语报刊阅读教学策略探讨 ……………………………………… 060

第三章 教育信息化 ………………………………………………………… 065

教育信息化背景下英语"线上线下"教学实质等效研究 …………… 066

信息技术与高中英语课程整合的实践与体会 ………………………… 072

信息技术在高中英语教学中的运用与反思·················· 078

停课不停学,学教永在线

——以漳州一中高二英语备课组线上教学为例·········· 082

第二部分　教育教学实践

第四章　教学设计····················· 091

　　基于"读思言"的高考英语读后续写解读及分析

　　　　——例谈 2021 年福建省诊断性考试读后续写 ········· 092

　　高中英语"以读促写"教学案例分析

　　　　——以人教版必修一"Unit 2 Travelling Around" "Reading for

　　　　Writing"板块为例 ····················· 100

　　以读促思:高中英语阅读教学实践探析 ············· 107

　　核心素养视角下的英语综合实践活动课 ············· 115

　　"Unit 17 Great Women"的教学构思及设计 ············ 119

　　初中英语第 2 册第 78 课的教学构思与设想 ··········· 124

第五章　备考方略····················· 129

　　新课标背景下高考英语试题特征分析及备考建议·········· 130

　　2015 年高考英语复习备考建议 ··············· 138

　　研读英语考试说明　探讨高考复习策略

　　　　——2012 年高考英语复习备考建议 ············· 142

　　高考英语语法填空题动词考点分析和解题思路··········· 147

第六章　教育研究····················· 153

　　新课程背景下的英语教研组建设··············· 154

　　2012 年福建省高中英语学科教研组长高级研修班交流发言

　　　　——以漳州一中英语教研组为例·············· 160

第三部分　教学漫记

第七章　教学随思…………………………………………………… 167

　抄写:旧貌换新颜 ………………………………………………… 168

　听写:听出新花样 ………………………………………………… 170

　仿写:仿出新天地 ………………………………………………… 172

　别样精彩

　　　——有感于黄远振老师的三问"读后续写"………………… 174

第八章　教学微评…………………………………………………… 177

　"三新"背景下高中英语词汇教学的课例点评…………………… 178

　"一师一优课,一课一名师"

　　　——Unit 2,Module 11 Detective Stories 语法课例点评……… 181

　担任"华文杯"全国师范生教学技能大赛评委有感……………… 183

第九章　研学思考…………………………………………………… 187

　新西兰研学随笔…………………………………………………… 188

　北京观摩学习手记………………………………………………… 192

附录　高中英语学习问与答………………………………………… 195

后记………………………………………………………………… 204

第一部分
教 学 研 究

第一章

教学策略

语言模因论视域下的中学英语
写作教学研究

一、引言

　　模因理论是英国科学家理查德·道金斯提出的理论,认为正如生物通过基因遗传信息一样,人们通过模仿模因传承文化(理查德·道金斯,1976)。近年来,亦有学者在此基础上提出语言模因论(谢朝群等,2007)。语言模因论认为,语言单位(单词、词块、句子、段落、篇章)因被大量模仿、复制和传播而成为语言模因,而语言学习实际上正是复制与传播语言模因(谢朝群,何自然,2020)。换言之,人们通过模仿、复制各类单词篇章等,完成对一种语言的学习。学习过程可分化为同化、记忆、表达和传播四个阶段。

　　语言模因论为中学英语写作教学提供了巨大探索空间。研究表明,在听、说、读、写四项语言技能中,写作对于许多外语学习者而言是最为困难的(斯维因,2000,转引自王芳),对我国中学生来说也不例外。在中学英语教学实践中,"写"不仅仅是指严格意义上的写作,还包括抄写、听写、仿写等学习活动,"写"逐步从书写字词、书写句子、阅读批注,发展到书面表达(黄远振,2018)。

二、语言模因论在中学英语写作教学中的实践运用

　　写作是运用书面语言表达、交流思想的重要方式。如何做到语言表达准确,文章衔接流畅、结构严谨等都是值得深入思考的问题。从模因论的角度观察,语言模因可以分为基因型和表现型两种(何自然,2020)。基因型是直接复制和传递相同的信息模因,表现型是依照相同形式复制不同内容的模因。本文结合具体的教学案例,从抄写、听写、仿写三种具体写作活动入手,阐述如何基于语言模因论对中学生的英语写作训练进行探索。

（一）抄写有助于语言同化

抄写作为认知策略一直被认可并广泛运用，是语言素养的铺垫，可以为有意义的语言运用打下基础，既符合外语语言教学基本规律，又符合中国国情。一般认为，抄写具有三项促学优势：一是利于学习者形成肌肉记忆，达到良好的记忆效果，尤其适合视觉学习者；二是提高对所学单词的熟练程度，加强对单词的形的记忆联系，解决单词拼写困难等"提笔忘字"问题；三是抄写过程亦是阅读的过程，利于学习者集中注意力，形成即时反馈。

然而笔者观察到，由于学生对如何有效抄写尚欠缺科学的认知，抄写易沦为机械刻板、脱离语境的活动，很难达到理想的效果。那么，如何使抄写成为一种行之有效的训练写作的方法？是抄写次数越多越好，还是内容篇幅越长越好？或者自由抄写即可？语言模因论认为，学生在教师指导下，在阅读文章的时候，把词块、句子或段落抄写到本子上，从而进行模仿，可以更好达到巩固记忆、辅助学习的目的。

从语言模因论的角度观察，基因型语言模因的传播特征之一就是直接套用。中学英语写作教学中的"直接套用"，指通过引用方式将信息内容直接用于英语写作中。如何做到"直接套用"？《普通高中英语课程标准（2017年版2020年修订）》（以下简称《高中课标》）指出，人与自我、人与社会和人与自然是英语课程的三大主题语境，是培养和发展学生英语学科核心素养的主要依托。因此，教师应重视抄写内容的筛选。换言之，抄写应该有选择性，抄写的内容质量要高。只有高质量的语言输入，才能保证高质量的语言输出，才能有益于学生进一步感知和体验语言，将其内化在未来的写作活动中。

《高中课标》要求，语言学习应该在一定的主题语境下进行。学生应通过学习和抄写与特定主题有关的优美词语、词块、句子或段落，为写作积累语料。教师不应急功近利地按照高考写作题型设置写作任务，而应在日常教学中加强基础写作训练，坚持"词—句—文"练习，即组词成句、组句成段、组段成文。

> **案例**
>
> 以人教版必修三第二单元 Morals and Virtues 为例。本单元主题属于"人与社会""人与自我"的范畴。在词汇教学过程中，教师聚焦单元主题，积极创设语境，引导学生关注本单元的词汇表、课文及课后练习中出现的单词、词块。

1.聚合核心词汇

Morals and Virtues 单元的中心词是 virtues(见图 1-1),教师引导学生整理与品质相关的词汇:courage、devotion、patriotism、generosity、integrity、loyalty、honesty、thankfulness、forgiveness、friendliness、cooperation,并关注这些优秀品质,及时对学生进行榜样教育,开展课程思政。根据记忆原理,鲜明的图像利于形成深刻的记忆,抄写图式化是形成长久记忆的关键。图式化抄写可以采用以下单词思维导图,这种形、义合一的抄写,不仅让学生体会到学习的乐趣,更重要的是培养了学生的动手能力、归纳概括能力及想象能力。学生通过抄写核心词汇同化优秀语言模因,在这个过程中,教师运用各种方式帮助学生理解和编码,为其记忆环节打下坚实基础。

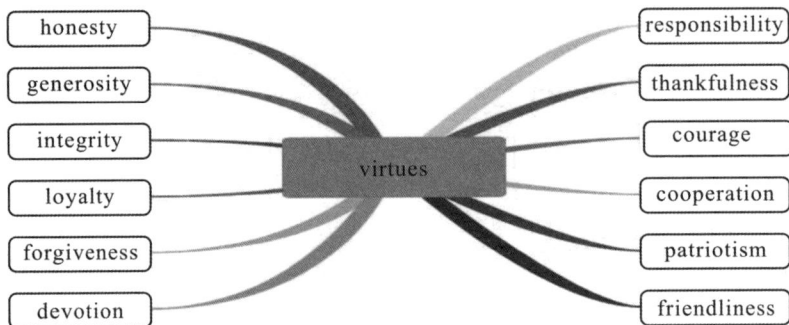

图 1-1　聚合核心词汇 virtues

2.归类主题词块

所谓归类主题词块,是将知识或材料根据一定的特性和关系进行归类。单元主题词块(见表 1-1)归类抄写不仅能强化学生的记忆,巩固学生对单词音、形、义的掌握,还培养了学生发散思维与分类归纳的能力。

表 1-1　Morals and Virtues 单元主题词块

reject the offer	charge low fees	tend patients
	win the scholarship	treat sb as sisters
	leave savings to a kindergarten and a fund for doctors	serve women and children
		train the next generation of doctors

词汇学习最好以词块为单位,这样就可以在记忆时整体输入,在运用时整

体输出。学生通过抄写主题语境下的经过归纳的词汇,增加接触词汇的次数;当同化并记忆一定的语言模因后,学生可以尝试模仿这些地道的表达方式,从而确保迅速掌握这些词汇和词块。在一定程度上,整存整取的词块记忆和运用既能减轻学生记忆词汇的负担,也能提高写作中词汇运用的准确性和流畅性。

3.套用典型句式

教师引导学生抄写本单元的成语、谚语、句型或精彩段落。例如要表达生命的重要性,学生可以直接引用 Reading & Thinking 板块中林巧稚医生的"Life is precious … To a person nothing is more precious than their life.";要表达感恩的意义,可以引用 Project 板块中的亚洲谚语"When eating fruit, think of the person who planted the tree.";要表达换位思考在人际交往中的重要性,可以直接套用 Video Time 板块中孔子所讲的"Whatever you don't like done to yourself, don't do it to others."。

研究表明,学生至少需要与目标词语接触 5～16 次才有可能掌握它(Nation,1990,转引自陈则航)。从语言模因论角度看,抄写的过程即是积累仿写对象的过程,通过不断抄写强化语言输入,从而将语言模因贮存在头脑中。随着学习主体对材料熟悉程度的提高,其大脑记忆中的语言模因也会相应增加。学生在写作中遇到与原语相似的语境时,通过直接套用的方式,可以提取贮存于头脑中的语言模因,从而达到融会贯通的效果。经过这样的深加工过程,学生实现了语言模仿和语言积累,从而巩固语言知识,达到活用语言的目的。与此同时,教师要培养学生的兴趣、开阔他们的视野,并为他们提供示范,达到训练思维的目的。

(二)听写促进语言记忆

听写是一种强化记忆的语言学习方式,是测评学生语言能力发展状况的一项重要活动。听写是听者对听到的信息进行处理与归纳,并在规定时间内快速写下来的学习活动。听写作为考查书写准确能力的主要手段,其认知过程表现为心理词典中目标字词的精确提取和完整的字形输出。

英语语言技能包括听、说、读、写、译。听写包括听与写两种语言活动,即语言输入和语言输出,是培养学生进行写作的一种复合型训练。对于听写结果的检测,教师不应只停留在检查学生写得对不对的层面上,还应注重学生的读音是否正确。任何英语的训练方法,只要涵盖了语言技能中的两三种技能就是好方法,就能对学习者产生多维度的刺激。听写的内容是文化与思维的重要载体,听写的形式与反馈直接影响学生英语学习策略的采取,是关系学习能力提升的重要因素。

作为语言基本技能,听写具备以下四个主要特征:一是简单易行。听写时,课堂规模可大可小,适用于不同层次的学生。二是内容多样。听写的内容可以是单词、词块、句子,甚至语篇。三是易于检测学生对所学知识的了解和掌握程度,教师对学生出现的拼写错误、语法错误也能及时反馈。四是利于提高学生听力理解能力,包括语言感知与辨音能力。由此可见,听写作为一种检测手段,既检测学生的听力能力和书写速度,又锻炼学生的短时记忆能力和心理素质。那么,如何进行有效的听写活动,做到以听促写?

1.重视听写类型的选择

首先是单词听写。单词听写的目的是让学生把单词的发音和拼写正确对应,达到听音辨形。通过逐步的听写训练,学生做到对单词发音的清晰辨识与实时反应,即能听、能说就能写。

其次是词块听写。词块承载着交际功能和语用功能,词块掌握的熟练程度对于阅读能力和语言综合运用能力的提高有重要的影响。在教学实践中,可以挑选半固定表达(semi-fixed expressions)。半固定表达也叫句子框架,一般为非连续性的结构化短语。例如:"There is no doubt that …""What impressed me most was …""The former …the latter …"等。这些词块具有半固定、半开放性的特征,广见于口语及书面中。在写作过程中,学生可以根据写作要求填充需要的信息。

最后是篇章听写。为了让听写更有针对性、更具实用性,篇章文本可选择课文概要、听力独白或高考优秀作文。课文概要涵括了本单元重要的单词、词块、句型、重要信息;听力独白则话题丰富,具有贴近时代、贴近社会、贴近学生的特点;而选择高考优秀作文时,主要考虑文体与话题,应选择指向性明确、可服务于写作的文章。

2.重视听写材料的选择

听写材料应贴近社会、贴近生活、贴近学习,比如课文段落、新闻概要、故事梗概或英文歌曲,尽量做到所选材料真实、语言地道。教师要求学生先听后写,做到听写结合,从而实现从语言输入到语言输出的突破。

听写的内容涵括语音、词汇、语法知识等。在这过程中,学生的听与写能力得到有意识的训练。通过输入强化,学习者对语言材料所包含的词汇及句法结构进行内化,即语言模因论所指的同化和记忆阶段。后经孵化期将其重新组织,从而实现学习者的自由输出,使学习者进入表达和传播的阶段(高纯娟,2020)。

（三）仿写提高语言表达与传播能力

仿写是模仿写作的简称，指模仿指定的句子进行造句或者模仿所给的语段等进行语段写作，其中以仿写句子最为常见。学语言的过程就是语言模因复制、传播的过程。模仿写作是读写结合的最基本形式，是一种传统的写作方法（陈琳霞，2020）。模仿教学法就是要求学生依据范例或论文的格式、篇章结构、写作手法甚至情节等进行仿写。仿写对于写作具有重要意义，学生通过大量仿写熟悉词块、句型和片段，达到知识迁移与转化的目的，从而将被动接收转为主动表达。模因论视域下的模仿、复制不是简单的重复，而是既可以用相同的形式去套用不同的内容，也可在不同的语境中使用同一结构表达不同的语用意义（李捷等，2020）。目前大部分初中英语教材中的写作都是模仿写作，教材给出一篇范文供教师指导学生进行模仿（马黎，2021）。高中英语教材根据《高中课标》对写作技能的要求对写作部分做了较大幅度的调整。其中一点即采用过程性写作模式。教材为学生提供两个方面的过程性指导：一是为学生提供写作模板，二是为学生提供写作支架。在仿写的过程中，有些模因替换内容，保留形式；而另外一些模因改变形式，保留内容。我们称之为模因表现型传播。

1.句式仿写

句式仿写即在一定语境中，根据表达要求，仿照提供的句式，再写出一个或多个句式相同、内容相关的句子。举一反三是创新思维的表达方式之一。在教学中，教师应鼓励学生从例子"一"中去发现、体会、感悟，进而由此及彼，达到"三"，实现从感性认知到理性认知的提升（黄远振，2021）。这里"一"是例子，也就是语言学习中的模因；而"三"是学习结果，即创造性思维产品。句式仿写需要学习者具备阅读分析、语言表达运用、模仿创新能力，不仅需要学习者对语法、修辞等基础知识的综合运用能力达到较高水平，还向教师提出了更高要求。

案例

以新人教版必修三第一单元 *Festivals and Celebrations*-Reading for Writing 板块"My Amazing Naadam Experience"为例。

本板块活动 2（Study the organization and language features.）的第一个练习为：Read the sentence patterns below and use them to write the opening sentences of the article.（见表 1-2）。

表 1-2　句式仿写

- This was my first time spending ... and it was an enjoyable and exciting experience for me.
- I'll never forget ... because ...
- I'll always ... because ...

原句摘抄如下：I experienced the Naadam Festival in China's Inner Mongolian Autonomous Region for the first time this year.

教师首先指导学生阅读原句，分析原句格式，找全模仿点。例如原句的句式特点有如下三点：陈述句、主动句、简单句。接着要求学生观察句子结构，该句成分组合为"主语＋谓语＋宾语＋地点状语＋介词短语时间状语＋时间状语"。最后，要求学生依照原句的句式进行仿写。学生把在阅读中学到的写作方法，通过学习逐渐内化为写作技能，可以有效提高写作能力。

仿写 1：Bill experienced Water-Sprinkling Festival in Yunnan Province for the first time this month.

原句仿写为之后的改写奠定了基础，这使学生的认知从低阶思维向高阶思维过渡成为可能。教师引导学生比较活动 2（见表 1-2）中的 3 个句式，尝试模仿这 3 个句式并将其改写为日记的首段。最后请学生把自己仿写的句子与同学分享。如：

仿写 2：This was my first time spending three days experiencing the Naadam Festival in China's Inner Mongolian Autonomous Region and it was an enjoyable and exciting experience for me.

仿写 3：I'll never forget my experience at the Naadam Festival because it was my first time to watch the exciting Mongolian games of horse racing, wrestling, and archery so closely.

仿写 4：I'll always remember my first experience at the Naadam Festival in China's Inner Mongolia Autonomous Region because it was so amazing to spend three days witnessing a grand Mongolian ceremony.

通过分析—观察—模仿三个步骤，学生对原句的言语现象进行分析，从而获取直观的感受和深刻的体验。具体做法是：教师引导学生以自主、探究的方式，观察句子结构，对原句的语言现象进行分析，然后进行有效仿写。通过灵活重组语言模因，学生可以有效内化并灵活运用所学句子，从而实现创新。简单来讲，多样化的句式仿写让英语写作学习变得简单。

2.语段仿写

> **案例**
>
> 以人教版必修二第五单元 Music-Reading for Writing 板块"Write a Speech"为例。

本板块为读写活动链,是以"讲述音乐怎样影响人生"为主题的演讲稿。演讲稿是一种常见文体,有独特的组织结构特征和语言特征。根据演讲稿提纲(见表 1-3),学生完成活动三中的第三个任务,即根据演讲提纲完成初稿。

表 1-3　演讲稿提纲

Step 1	Introduce yourself.
Step 2	Propose the topic.
Step 3	Write about your personal anecdote/experience.
Step 4	Write about your personal feelings.
Step 5	Relate your experience to the audience.
Step 6	Close the speech.

文章提供了仿写框架:

Hello，my name is ＿＿＿＿＿, and I'm here to talk about ＿＿＿＿＿.
＿＿＿＿＿ years ago，＿＿＿＿＿.

教师引导学生欣赏演讲稿的语言美,学习如何表达音乐带给人的丰富感受,并让学生圈出文中谈论音乐给人带来不同感受的词语或句子,即活动二中的第二个任务。教师提出问题引发学生思考:

What sentence structures are used when Sarah talks about the feelings music brings to her?

教师引导学生用"... make me feel ...""give me ...""... like ...""It was ...""Moreover，it speaks ..."这些句子框架说出自己的感受。之后,对比并模仿 Sarah 所用的语言,为之后的写作打下语言基础。最后,教师让学生根据提供的结构框架进行仿写。学生仿写句子如下:

Hello！My name is Dick，and I'm here to talk about the power of music. Two years ago，my pet dog passed away and music helped me get through tough times.

Music gave me energy. When I listened to music, it made me feel so much better. Music is like a special language that everyone can understand. It is the wind that blows my sadness away and cheers me up. Moreover, it spoke words of comfort to the deepest part of my soul.

在平时的写作教学活动中,教师应更多关注仿写。通过教师对仿写的指导,学生实现语言模因的不断重组、发展,获得模因表达传播能力,最终实现写作水平的提升,达到语言运用能力的质的飞跃。

综上所述,模仿形式是多种多样的,包括形式模仿和意义模仿。模因以模仿为基础,而模仿又是创新的起点(陈琳霞,2008)。写作能力是英语技能中最难培养的一项,也最能显示学习者综合运用语言的能力。作为语言输出的形式,是语言表达的终极形式,写作推动了其他维度的发展。教师可以从听、说、读、看、写这些语言基本技能入手,注重词汇、常用句型句式和各种体裁作文的基本结构,在平时写作教学中为学生指点方法、提供示范,加强写作训练,强调输入的多元化,以提高学生的综合性语言运用能力。写作是一个漫长的积累过程,不论学生还是教师都需耐得住性子,慢慢打磨,不断把抄写、听写、仿写过的材料内化为自己的知识,使三者互为补充,互为促进。

三、结束语

语言模因论启发我们,正确把握语言学习的同化、记忆、表达和传播的四个阶段,开展具体的写作教学实践活动,有利于提高学习者的英语写作能力。在同化语言阶段,教师应鼓励学生利用教科书或工具书中的优秀范文,选取个性化的语言模因,进行多种资源学习;在记忆阶段,根据记忆需要,教师应指导学生采取记忆语言模因的有效方法;在表达和传播阶段,教师应鼓励学生举一反三以提高学习有效性。教育理念的更新让教师对传统的教学方式有了全新的理解,教师不应该放弃传统的、有效的教学方式,而是要对传统的英语教学模式和教学主张进行重新评价,并探讨如何在英语写作教学中加以科学的应用,从而推动高中英语写作教学方法的更新。

参考文献

1.陈琳霞. 模因论与大学英语写作教学[M].何自然,魏在江,戴仲平.语用新论:语言模因论论文选.上海:上海外语教育出版社,2020:357,359.

2.陈叶云.基于核心素养的中学英语听写活动设计与优化[J].考试周刊,2020(36):105-106.

3.陈则航.英语阅读教学与研究[M].北京外语教学与研究出版社,2019,77.

4.丁嫄,李利平,伍新春.语素意识、快速命名对汉字听写和抄写的作用[J].心理科学,2021,44(6):1297-1304.

5.何自然.语言中的模因[M].何自然,魏在江,戴仲平.语用新论:语言模因论文选.上海:上海外语教育出版社,2020:32.

6.黄远振.听说·读说·读写[EB/OL].珍妮英语工作室,2018.[2022-09-10].https://mp.weixin.qq.com/s/VYBKbax FeybrwNVDZky dng.

7.黄远振."例子"及"例子教学"[EB/OL].英语读思言,2021-08-09.[2022-09-10]https://mp.weixin.qq.com/s/dM2VPQd7nf8Ycq6gxMhxmg

8.李庚桂.基于学生核心素养培养的英语写作教学策略[J].教育实践与研究(B),2019(1):22-25.

9.高纯娟.模因论对提高外语学习能力的一些启示[M].何自然,魏在江,戴仲平.语用新论:语言模因论文选.上海:上海外语教育出版社,2020:351.

10.李捷,何自然.汉语教学的模因论探讨[M].何自然,魏在江,戴仲平.语用新论:语言模因论文选.上海:上海外语教育出版社,2020:373.

11.刘道义.再议教改中的继承与创新[J].英语学习,2019(5):29-32.

12.刘冰玉,周琳.运用语言模因指导初中英语写作教学[J].教学与管理,2016(33):107-109.

13.马黎.单元视阈下英语结构化知识的建构和应用[J].中小学外语教学(中学篇),2021,44(7):28-33.

14.梅德明,王蔷.《普通高中英语课程标准(2017年版2020年修订)》解读[M].北京:高等教育出版社,2021.

15.人民教育出版社等.普通高中教科书·英语必修2、必修3(学生用书、教学用书)[M].北京:人民教育出版社,2019.

16.张运桥.产出导向法指导下的高中英语写作教学实践[J].中小学外语教学(中学篇),2020,43(5):1-6.

17.王芳.中学英语写作教学研究热点与教学建议——基于对两份基础教育(外语)类核心期刊的分析[J].中小学外语教学(中学篇),2019,42(10):17-22.

18.谢朝群 何自然.语言模因说略[M].何自然,魏在江,戴仲平.语用新论:语言模因论文选.上海:上海外语教育出版社,2020:72,87.

高中英语整体备课思路

——以人教版选修模块七为例

英语教师对备课是非常熟悉的,因为这几乎是每天都要做的事。但是,如何高效优质备课并非易事。因为教育在变革,观念在更新,教育和教学行为都要与时俱进。备课就是教师在课前所做的准备工作,它要求教师研读课程标准,深入研究教材内容,明确教学目标和教学任务,合理选用教学方法,了解学生实际情况,以便设计出真实、合理的教学活动。教师应该做到依托教材,分析教材,抓住特征,遵循"全册备课、单元备课、课时备课"的思路,进而创造性地使用教材。

教师根据学年教学计划,在新学期备课中,要做到总揽全局,以模块为单位,制定教学进度表,要注意教材各章节之间的内在联系。同时,熟悉各种教学资源,比如学生用书、教师用书等。全册备课充分体现教师的超前备课意识,这不仅能增强教学的目的性和针对性,还有利于教师对问题进行由局部到整体、由次到主的思考。本文以 2007 年人教版选修模块七为例,阐述教师在进行整册备课时需要关注的六个方面。

一、深入分析教材,熟悉单元内容

教师为更好备课,应该提前熟悉单元话题(见表 1-4)。在进行整册备课的过程中,教师通过各种渠道查阅、获取与模块相关的资料,充分了解授课内容,使整册备课更有针对性。提前备课是课堂授课质量的有效保证。

表 1-4　选修七模块单元话题

单元	话题	设计意图
Unit 1 Living Well	以"残疾""残疾人的生活"为主线,紧扣"身残志坚"这一单元主题	培养学生自尊、自立、自强的精神,用乐观的态度和顽强的毅力来面对人生
Unit 2 Robots	关于机器人、科幻文学作品和科幻小说作家的话题	培养学生对未知世界的想象力和探索精神
Unit 3 Under the Sea	话题围绕海底世界以及有关大海的神话故事展开	培养学生对海洋的热爱和保护的意识
Unit 4 Sharing	关于帮助弱者、志愿服务、合作共享的话题	提高学生的责任感和服务意识
Unit 5 Travelling Abroad	话题涉及出国学习和出国旅游	开拓视野并培养学生坚韧不拔的意志品质和克服困难的毅力

　　《普通高中英语课程标准(实验)》规定:"在教材内容、编排顺序、教学方法等方面,教师要善于结合实际需要,灵活地或创造性地使用教材,并进行适当取舍和调整。"因此,教师要在原有的教学方式上进行大胆改革,采用话题、功能、结构相结合的方法设计教学活动。根据英语课程的教学目标,灵活运用教材,对其进行优化和整合,突出英语新教材听、说、读、写知识系统性的特点。

　　具体来说,现行高中英语新教材打破原教材的编写体例,采用以单元主题为中心的模式开展听说读写活动,由 8 个部分组成,分别是:热身(Warming up)、读前(Pre-reading)、阅读(Reading)、理解(Comprehending)、语言学习(Learning about language)、语言运用(Using language)、小结(Summing up)、学习建议(Learning tip)。各部分的教学目标明确,不分课次,不分顺序。在实际教学中,教师根据授课内容、学情进行整合。以选修七为例,主要采用六种授课课型(见表 1-5)。

表 1-5　选修七单元授课课型

课型	主要内容
精读课	包括 Warming up、Pre-reading、Reading 和 Comprehending
词汇课	包括 Learning about language 中的 Discovering useful words and expressions、Workbook 中的 Using words and expressions
听说课	包括 Using language 中的 Listening and speaking、Workbook 中的 Listening、Talking 以及 Listening task
泛读课	包括 Using language 中的 Reading、Workbook 中的 Reading task

续表

课型	主要内容
语法课	将 Learning about language 中的 Discovering structures 和 Workbook 中的 Using structures 两部分进行整合
写作课	包括 Speaking and writing、Workbook 中的 Speaking task 和 Writing task

二、紧抓词汇教学,强化词汇运用

选修模块七包含课程标准单词约 248 个,固定搭配和习惯用语则有 42 个。在词汇学习过程中,教师要指导学生科学地进行英语词汇学习,引导学生改变死记硬背的学习方法。比如,训练学生根据拼读规则分音节拼写单词,运用比较和归类的方法进行词汇学习,运用构词法知识记忆派生词、合成词的词义和词性。

三、明晰语法项目,系统学习语法

高中英语新教材每个单元都有一个专项语法点。以选修七为例,教师需在授课前熟悉的主要语法项目见表 1-6。语法项目的教学模式为:呈现—发现—归纳—实践—活用。第一阶段的语法教学从必修一第一单元至模块六第四单元,对高中课标所规定的语法项目进行了系统介绍。第二阶段的语法项目教学从模块六第五单元开始,以复习为主。在第二阶段,语法项目是循环反复、巩固加深,逐步系统化的。如表 1-6 所示,选修七的语法项目以复习为主。在学习的起始阶段,教师应激活学生已有的与该语法项目相关的前置性结构知识,以便学生在复习旧知识的过程中进一步巩固和加深对新知识的理解(马黎,2021)。

表 1-6 选修七单元语法项目内容

单元	语法项目内容
Unit 1 Living Well	复习动词不定式
Unit 2 Robots	复习被动式(含不定式)
Unit 3 Under the Sea	复习被动式(含动词 ing 形式)

续表

单元	语法项目内容
Unit 4 Sharing	复习定语从句（限制性定语从句）
Unit 5 Travelling Abroad	复习定语从句（非限制性定语从句）

四、注重写作能力，积累话题素材

新教材非常重视写作训练，写作也是听、说、读、写四项技能中最难的。写作练习遵循句子—段落—篇章的层次进行练习。每个单元涵括许多写作活动，分为基础性练习、有指导的程序写作和自由写作。选修七主要写作内容见表1-7。

表1-7　选修七单元写作内容

单元	写作内容
Unit 1 Living Well	建议信。属于较为正式的信函，教师应有意识引导学生关注建议信的格式和结构，尤其要了解首末两段的作用
Unit 2 Robots	人物生平介绍。要求学生借助文章信息和练习题中的表格对阿西莫夫的生平事迹进行简要介绍
Unit 3 Under the Sea	投诉信。属于实用写作。学生根据教材提供的三个场景，运用本单元所学词汇、句型编写投诉对话，然后进行投诉信写作
Unit 4 Sharing	记叙文。要求学生根据本单元学习内容，思考为什么要加入志愿者行列
Unit 5 Travelling Abroad	个人写作。美国笔友决定到中国学习中国文化和语言，请写一封信向他介绍中国的生活，比如食物、饮食、交通、住宿等，以及交友问题、学习汉语和文化的最佳方法

五、落实功能项目，贯穿于日常教学

选修七的功能项目主要涵括五个方面，具体如下：(1)学习有关祝贺和祝愿以及如何礼貌地表达个人观点的用语；(2)学会使用推测和确信表达法；(3)学会在写作中表达责备、抱怨及赔偿要求；(4)学会在写作中正确使用时间表达法;(5)学会在写作中使用"比较"(comparison)和"举例"(example)的写作技巧。这些功能项目紧密联系学生生活,教师在授课过程中,应尽量创设真实二富有意义的情境,才能切实提高学生表达能力。

六、分析与讨论

教师要通过熟悉本模块的话题、词汇、语法项目及功能项目,成为一名主动的学习者,不断积累话题相关知识,增加知识储备,以便能够轻松自如地开展教学工作。为了更好发挥单元整体备课在具体英语教学实践中的作用,教师需要考虑以下四个问题:

第一,如何做到课内深耕,课外细作?

在日常英语教学中,教师应该首先学会备有形的课,表现为备课笔记、教学设计。其次备无形的课,即钻研教材、查阅资料、搜集信息、准备教法、准备学生。教师应努力拓展备课内容,达到"一篇带动多篇、多篇丰富一篇"的教学目的。比如,Unit 2 Satisfaction Guaranteed 是经过改编的文章,授课教师如果能通过其他渠道进行全文阅读,在授课中就能更加得心应手。对部分节选文章,教师应尽可能做到阅读全文,以便更好地理解文本。对与课文有联系的文章、材料,教师应尽可能多阅读、多参照思考,以加深对课文的理解。这两者都是教师积累教学经验、提升教学素养的有效途径。

第二,如何处理初学者对新知识的掌握问题?

苏霍姆林斯基在《给教师的建议》中写道:学生学业落后、成绩不及格,其根源就是第一次学习新教材没有学好。第一次学习新知识,是由不知到知、由不懂到懂,向真正理解事实、现象、性质、特征的实质而迈出的重要的第一步。

在学习的过程中,每一个人都会有学习新知识的体验。新知识在不同层次的学生中存在着"新旧"之分。优秀学生在学习过程中逐渐形成了良好的学习习惯,从课前预习、课堂听课,到课后复习,每一个环节都做得更到位。通过预习,优秀学生对已掌握的知识有了更清晰的认识。这样,他们就可以带着问题听课,听课效率更高,效果自然更好。

第三,如何处理学困生在学习新知识时遇到的问题?

学生学业困难的主要原因有以下两个方面:一是旧知识掌握不扎实。新知识的记忆需要旧知识,新知识的运用需要旧知识的迁移。旧知识掌握不佳会影响新知识的学习。二是未能形成良好的学习习惯,学习缺乏目的性和针对性。比如,课前没有预习,新知识、旧知识未形成关联,听课显得被动,新知识的学习就会成为负担。这就需要教师给予他们更多的关注。

针对学困生存在的学习问题,教师在授课时应要求他们做到以下几点:首先,要求学生保持足够有效的注意力。要有主动学习的意识,对于未掌握的知识要积极找同学或老师请教。其次,确保学生积极参与课堂活动。不只是做一个被动的听者,更要成为课堂的积极参与者。"在课上,确保学生独立思考,促使每位学生在每一节课上,在脑力劳动中取得哪怕是一点点进步也好。"(苏霍姆林斯基,2019)再次,将新知识与旧知识进行有机结合。通过新知识复习旧知识,通过旧知识引出新知识,找到新旧知识的关联,继续巩固所学过的知识。最后,预留一定时间消化新知识。尽管课时紧,授课内容多,教师也要尽量留出时间让学生消化新知识,以减轻学生课下学习压力,从而有更多时间进行自主学习,形成良性的循环。

第四,如何进行适当的超前学习?

瑞士心理学家皮亚杰提出"略微提前"理论,即只有当输入的信息与已有的知识结构之间既有一致又有不一致时,才能促进心理的发展。根据略微提前理论,教师对学生接受和记住知识的能力既不能估计过高,也不能估计过低。以 Unit 3 Under the Sea 为例。该单元有关海洋动物的词汇包括:baleen whale、shark、seaweed、sea slug、turtle、eel、clam、seal。根据教材要求,Warming up 部分以海底生物为话题,学生要罗列出所见过的海底生物。授课过程中,教师通过复习旧单词,呈现新单词并做适当拓展,达到温故而知新的目的,从而实现学习的"略微提前"。

参考文献

1.教育部《基础教育课程》编辑部.中学新课标资源库:英语卷[M].北京:北京工业大学出版社,2004.

2.马黎.单元视阈下英语结构化知识的建构和应用[J].中小学外语教学(中学篇),2021,44(7):28-33.

3.人民教育出版社等.普通高中教科书·英语选修7(学生用书,教学用书)[M].北京:人民教育出版社,2008.

4.苏霍姆林斯基.给教师的建议[M].北京:教育科学出版社,2019.

多方法，妙语境，
丰富高中英语词汇教学

英国语言学家威尔金斯（Wilkins）曾提出这样一个问题："语法与词汇哪一个更为重要？"答案是"没有语法，能表达的东西很少；没有词汇，则什么也不能表达"。Vermeer（转引自马广惠，1992：147）则指出，"认识词是理解与被理解的关键。学习一门新语言主要在于学习生词。语法知识不能产生很高的语言水平"。英语语言学习应该做到"五会"，即会听、会说、会读、会写、会译。学习者能否做到"五会"，很大程度上取决于学习者的词汇量。高中学生在词汇学习过程中常遇见的问题有：记不住单词，边记边忘；词汇量小；词义混淆；缺乏方法；缺乏自信等。对于词汇学习，一方面，教师应当帮助学生发展词汇学习策略；另一方面，高中学生应形成适合自己学习需要的英语词汇学习策略，并能不断进行自我调节。

因此，研析新形势下英语词汇学与教存在的问题与解决途径仍有其现实意义。英语词汇教学的难点不仅仅是词汇的读音、本义，更在于词汇蕴含的丰富文化内涵。本文从构词法、语境创设、词汇故事三方面，阐述词汇教学中值得关注的问题。

一、运用构词法，高效记忆单词

《普通高中英语课程标准(2017 年版 2020 年修订)》(以下简称《高中课标》)在附录 3"语法项目一览"中做出说明：构词法主要指合成法、转换法、派生法、缩写和简写。该项目还会大量出现在高中阶段更加丰富的语境中，是高中必修课程应该熟练掌握的内容。也就是说在高考中以构词法构成的新词汇无需进行中文注释。根据英语单词的来源，英语研究者将英语单词大致分为五种：基本词(base words)、合成词(combining words)、缩略词(shortening words)、拼缀词(blending words)、转类词(shifting words)。

《高中课标》要求,高中英语应学习和掌握的单词累计达 3 000 个,同时各地可根据实际情况在词汇表所收词的基础上,再选择增加 200 个单词。为更好解决词汇量增大给英语词汇教与学带来的困难,教师在教学中一方面应充分利用构词法进行词汇教学;另一方面要引导学生改变死记硬背的记忆方式,指导学生运用科学的方法进行英语词汇学习。

了解英语构词法以及构词法相关知识是扩大词汇量的有效途径,也是常用的记忆单词的有效方法,尤其有助于词义猜测。英语构词法主要有三种:派生法、合成法和转化法。其中,派生法作为英语构词法中最活跃的一种,在英语构词的历史上发挥着极其重要的作用。据不完全统计,有 60% 的英语单词有词缀,词根(root)代表词的本义,前缀代表词的方向,后缀代表词的性质。学生通过了解单词词根所包含的语义,就能通过前缀、后缀猜测单词的词义。派生法对学生单词记忆有极大的帮助。

二、精选例句,创设丰富语境

教科书的词汇表提供需要掌握的单词的拼写、读音、词性与词义,这些是词汇的基本信息(见表 1-8)。在词汇学习中,学生记住了单词的拼写、发音、词性和词义,就能正确运用词汇吗?

表 1-8　词汇基本信息

拼写、读音	tip[tɪp]
词性、释义	*n*. 末端;小费;建议 1. the tip of the iceberg（末端） 2. Did you leave a tip?（小费） 3. Please give us a few tips.（建议） *vt*. 付小费;倾斜 1. Did you tip the waiter? 你给服务员小费了吗? 2. Ben tipped the contents of the drawer onto the table. 本把抽屉里的东西倒在桌上。

事实上,由于受到人们使用语言的习惯、语言环境、背景知识、自然环境、社会环境和身份认同等因素的影响,词汇在语言中的运用及其表达的意义是千变万化的。因此,在词汇教学过程中,教师应重视创设语境,不能孤立地进行词汇教学。

(一)选择有代表性的例句

1.She looks happy at the news and looks kindly at me.

　听到这个消息,她看起来很高兴,并且亲切地望着我。

2.The dog smells bad and now it smells badly.

　狗身上的味道很难闻,而且现在它的嗅觉很差。

这两个例句为的是辨析分别重复出现在同一个句子里的词语 look 和 smell,具有很强的代表性、对比性和说服力。笔者引导学生观察、比较、分析两个句子,学生就可以较为轻松地领悟到词汇之间的联系和细微差别。由此可见,语境创设能更完整地体现语言的趣味性、优美性和思想性,这既有利于提高词汇学习的效率,也有益于陶冶师生情操。

(二)选择有趣味性的例句

在词汇教学中,教师应有意识地选择一些趣味性强的句子。这些典型例句既能调动学生的兴趣,激发他们的求知欲,又能讲清语法知识,提高他们学习英语的积极性和主动性,事半功倍。比如讲到 gravitation(重力)一词时,笔者引用爱因斯坦讲过的一句话“Gravitation is not responsible for people falling in love.”,该句子的意思是“重力并不是使人们坠入爱河的原因”。这句子有趣而可爱。笔者按照以下几个步骤进行词汇教学:首先询问学生,在物理术语中,G 代表什么? 然后请学生说出重力“G”的完整形式。根据学生回答,教师按音节写出 gra-vi-ta-tion。其次,复习词组 be responsible for … 和 fall in love。再次,呈现句子 Gravitation is not responsible for people falling in love。最后,分析句子结构。falling in love 为现在分词短语后置,做定语修饰 people。在教师引领下,学生就能更好、更快、更准确地理解句子的意思。由此可见,利用丰富语境教授单词的方法可使机械而肤浅的单词记忆变成生动有趣,甚至有意义的学习。

三、了解词汇故事,培养文化意识

《高中课标》提出了由主题语境、语篇类型、语言知识、文化知识、语言技能、学习策略六要素整合、指向学科核心素养发展的英语学习活动观。对于高中学生而言,掌握丰富的中外多元文化知识,认同优秀文化,有助于促进英语学科核心素养的形成和发展。在普通高中英语课程文化知识方面，《高中课标》要求，要理解常见英语成语和俗语及其文化内涵，对比英汉语中常用成语和俗语的不同表达方式，感悟语言和文化的密切关系。要能理解英语中常用的典故和传说，比较汉语中相似的典故和传说，分析异同，理解不同的表达方式所代表的文化内涵。

接触和了解英语国家文化有益于增进对英语的理解和更好地使用英语，从而有益于加深对本国文化的理解与认识，有益于培养世界意识。在英语教学中，教师应根据学生的年龄特点和认知能力，逐步扩展所学文化知识的内容和范围。例如，笔者要求学生归纳"死"的表达方式（见表1-9）。

表 1-9　"死"的表达方式

表达方式	释义
die	死
pass away/on	逝世
die at an early age	英年早逝
drop dead	猝死
Someone is gone./Someone is not with us.	某人不在了。
kick the bucket	一命呜呼

从上述关于"死"的表达方式的归纳中，笔者引导学生思考中西方死亡表达方式的异同，由此感知文化差异。对于"kick the bucket"，笔者引导学生猜测、思考其意思及来源。kick the bucket 并不是"踢桶"的意思，而是"一命呜呼"。这源于中古时期执行绞刑时，死刑犯站在一个翻转过来的水桶上面，脖子被套上套索，行刑者一脚把水桶踢走，受刑人就一命呜呼了。

再比如，"face the music"出现在人教版学生用书的练习中，如果教师只是简单地告知学生不能望文生义，face the music 并非"面对音乐"的意思，而是"勇于面对困难"或"自食其果"，学生可能"过耳就忘"。如何才能让学生更好记住 face the music 的意思？为了让学生更好地掌握该习语，笔者在课前要求学生查阅资料，以了解其由来，课上引导学生积极表达，做好故事分享。这个习语的来源有两种说法。第一种说法：美国小说家詹姆斯·库珀（James Cooper）曾说过，演员上台表演时正好面对着台下的乐队，有时因为紧张导致忘记台词而被观众嘲讽。因此他们常常暗示自己，是面对音乐的时候了（It's time to face the music.）。随着时间推移，face the music 就演变为"面对困难"的含义。第二种说法:美国士兵如果在军队里干了坏事,就会在凄凉的鼓点声的伴随下,当众蒙羞而被迫离开军队。因此,face the music也就有了"自食其果"的意思。学生通过自己查阅资料、课上分享习语背后的故事,能更好地掌握其含义,避免"过耳就忘"。

四、结束语

综上,通过构词法,学生对词汇的记忆变得简单、更有成效;通过典型例句,学生的词汇学习变得丰富有趣;通过故事背景介绍,学生了解词汇的"前世今生",丰富了文化知识,也能从跨文化角度认识词语的深层含义;通过词汇用法的归纳总结,学生不仅更为系统地掌握了词汇知识,也更多地了解到常用英语词语表达方式的文化背景。这样,学生就不是枯燥地进行词汇学习、表层地进行词汇记忆。

英语的词汇教学不能只为教词汇而教词汇。只教语言不教文化的教学法,只能培养出语言流利的大傻瓜。英语教师在日常词汇教学中应重视词汇学习策略的培养,寻求词汇内在规律,同时创设丰富的语境,调动学生的主观能动性,激发其学习、了解其他国家文化及其内涵的兴趣。这有利于发展学生的跨文化理解能力,从域外的视角寻求新的发现和理解,从而有助于为解决问题提供更加多元丰富的认识方式(赵连杰,2021)。

参考文献

1.教育部《基础教育课程》编辑部.中学新课标资源库:英语卷[M].北京工业大学出版,2004.

2.马广惠.英语词汇教学与研究[M].北京:外语教学与研究出版社,2016.前言.

3.梅德明,王蔷.《普通高中英语课程标准(2017年版2020年修订)》解读[M].北京:高等教育出版社,2018.

4.徐浩,孙桐,蒋炎富.英语词汇教学[M].北京:外语教学与研究出版社,2019.

5.叶弦,林佩芳.英语词汇背后的故事[M].海口:南海出版公司,2005.

6.赵连杰.运用英语结构化知识助力问题解决的案例探析[J].中小学教师培训,2021(7):60-64.

核心素养背景下英语词汇
练习设计：分析与思考
——以人教版高中英语教材为例

一、引言

　　词汇是语言的重要组成部分，是提高听、说、读、写、译各项能力的重要保障。《普通高中英语课程标准（2017 年版 2020 年修订）》指出："词汇学习不是单纯的词语记忆，也不是独立的词语操练。而是在特点语境下结合具体主题开展的综合性语言实践活动。学生通过听、说、读、看、写等方式，感知、理解相关主题意义，使用词语表达相关话题的信息和意义。"

　　学生们在英语理解与表达中遇到的最大问题往往是英语词汇知识不完善（马广惠，2016）。比如，听读过程中会遇到难以理解或难以正确理解的陌生词汇；而在说或写的过程中，因为缺乏词汇而不能充分表达自己的想法。针对上述现象，教师如何在词汇教学中更好地帮助学生解决词汇学习的问题？本文将以人教版高中英语课本中的词汇练习作为研究对象，阐述如何有效开展词汇教学，并据此设计词汇练习活动，从而落实提升学生学科核心素养的教学目标。

二、核心素养背景下词汇练习设计的意义与思路

　　教材是实现英语课程目标的重要材料和手段，是学生学习语言知识和发展语言技能的重要来源。教材中的语言实践活动和练习则是学生学习知识和发展技能的重要途径和方式，可刺激学习者学习。词汇教学是英语教学的重要组成部分。教师在词汇教学中，基于语境设计合理科学的词汇练习，以让学

生更好地学习、理解、掌握,最终达到运用词汇的目的。比如,通过设计有趣的活动激发学习者的好奇心和学习兴趣。这里的"有趣"指选材要有趣,活动要多样。多样性的词汇练习能使学习者自己动手来完成任务,从而激发学习者的学习动机,使学习者从被动的接受者变为主动的建构者。再比如,通过音乐、动画等多种媒介方式来激发学习者对词汇学习的兴趣,帮助他们更好地进行词汇学习。

三、词汇练习设计分析

词汇教学的目的是使学生掌握词义、词的搭配和用法。词义和用法的掌握必须通过有情境的课文教学,并结合听、说、读、写等语言实践才能实现。只有通过综合运用语言的各项实践活动,学习者才能将词汇理解得深、用得活。以人教版高中英语教材学生用书和练习册中提供的词汇专项练习为例进行说明。

(一)单词连线题

以人教版高中英语教材第一册 Unit 2 Discovering useful words and expressions 为例(见图 1-2)。

Match the new words and expressions with their meanings.

1. petrol   not sudden

2. voyage   a word for gas in British Engish

3. gradually   long trip by sea or in space

图 1-2 单词连线题

设计说明

单词连线题是极为常见的一种题目类型,被广泛使用在各个年级的教学中。在日常英语课堂词汇教学中,教师通过词汇连线题,不仅能检测学生对新、旧知识的掌握程度,而且能调动学生的学习积极性,加深学生对相关知识的了解,取得良好的教学效果。

(二)英英释义

以人教版高中英语教材第一册 Unit 1 Discovering useful words and expressions 为例(见图 1-3)。

Find the word or expression for each of the following meanings from the text.

outdoors   not inside a building

upset   feeling disturbed

be concerned about   to be worried about

loose   free, not tied up

图 1-3　英英释义

设计说明

　　英英释义题要求学生根据所给出的英语意思写出单词或短语。英英释义有多种方式,包括使用同义词或近义词、反义词、情景等。在词汇学习过程中,英英释义不仅帮助学生巩固词汇的释义和用法,而且近义词或同义词的积累可以扩大学生的词汇量,使其词汇表达更加丰富。同时,通过英英解释,学生可以清晰地感觉到不同词汇的细微区别,更加注意使用上的差异。比如,meeting、conference、summit 都表示"会议",但通过英英互译,学生能清楚地了解它们之间的区别。

　　meeting:a gathering of people for a purpose

　　conference:a formal meeting, e.g. between people who share the same business interests or belong to the same political party, which is held so that opinions and ideas can be exchanged

　　summit:a meeting between heads of government

(三)一词多义

以人教版高中英语教材第三册 Unit 3 Discovering useful words and expressions 为例(见图 1-4)。

The italicized words in these sentences have more than one meaning. Explain the usage and meaning of each word in each sentence and then make your own sentences using these words in different meanings.

A. He *wandered* around Tibet for about a month. His experience is unbelievable.

B. The professor *wandered* from the subject of his speech.

图 1-4　一词多义

设计说明

一词多义是指一个词具有多重含义,但各个含义之间又相互关联的一种普遍现象。英语单词除了本义,还有引申义、比喻义。在解一词多义题的过程中,学生要能够结合语境,选择与该词最匹配的词义,从而形成独立思考、判断和选择的习惯。

对一词多义的认识和应用,不但可以帮助学生提高对英语的理解力,而且可以增强学生英语学习的自信心。

上面两个句子的意思是:

第一个,Tibet 表示地名"西藏",此处 wander 意为"to move about or away from（an area）, usually on foot, without a fixed course, aim or purpose",可以译为"流浪、闲逛",结合下一句"他的经历令人难以置信",故译为"在西藏四处游荡"。

第二个,the subject 意为"主题",此处 wander 意为"to move away from the main idea",可以译为"离题"。

(四)纵横字谜或填词游戏

以人教版高中英语教材第四册 Unit 1 Using words and expressions 为例(见图 1-5)。

Using words and expressions

1 Work with your partner to complete the crossword puzzle.

Across

1 the number of times something happens
2 an expert in a special branch of work or study
3 to state something and give the reasons why you think it is true

Down

4 to watch something carefully, especially in order to learn about it
5 to send things to a place; to help a woman give birth to her baby
6 a planned set of activities that people do over a period of time in order to achieve something
7 to encourage someone to do something
8 not talking too much about one's own abilities or good qualities

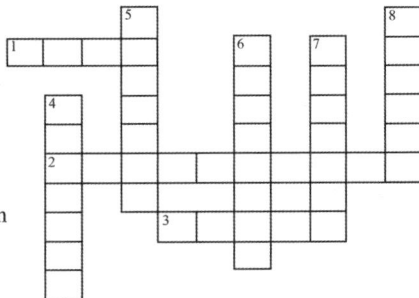

图 1-5　纵横字谜

设计说明

在英语国家,纵横字谜或填词游戏是非常普遍的,也是民众喜欢的休闲娱乐游戏。学生根据提示,在纵横交错的格子中填上若干个字母组成单词,这既是饭后消遣的好游戏,也是增加词汇量的好助手。通过奇妙的格子游戏,教师让学生动手又动脑,既感受到单词记忆的简单快捷,又体会到单词学习的轻松有趣。

(五)猜词游戏:"你说我猜"

游戏是人类特殊的社会实践活动。俗话说"All work and no play makes Jack a dull boy",教师在教学中应当充分发挥游戏的作用,通过设计 word game,即猜词游戏,让学生在玩的过程中学习词汇。猜词游戏由两个学生共同完成,一个学生说出这个词的相关信息,另一个学生根据该信息猜词。游戏的基本原则就是"the faster, the better",具体规则见图 1-6。以单词 sofa 为例,学生可能简单地描述:"它是椅子,坐在上面感觉软软的。"也可能表述为"它是一种家具,常放在客厅里,可坐在上面看电视或休息"。为了让同伴猜出单词,学生需努力给出单词的准确定义。在描述事物的过程中,学生需要专心思考,其语言组织和表达能力都会得到提升。

1.Prepare 5 pairs of words, each consisting of 10 words.

2.Only action or English description allowed.

3.Don't speak out the key word.

4.If you can't, you can choose the next word. (Please say "skip".)

图 1-6 "你说我猜"规则

教师可将英英释义练习转换为猜词游戏,通过改进练习活动激发学生学习词汇的兴趣。以人教版高中英语教材第三册 Unit 5 Discovering useful words and expressions 为例(见图 1-7)。

Find words in this unit that have the same meaning as the definitions below.

1. baggage   bags that people take with them when they travel

2. minister   a government member who is in charge of a government department

3. quiz   a short informal test

图 1-7 英英释义

例如 baggage,可以表述为"They are cases, boxes or bags, in which we put things we need when we travel."。在教师的引导下,学生逐步释义。如:

(1) It's a general word for a group of bags.

(2) We put clothes, food and other things we need in them.

(3) We carry them when we travel.

在猜词过程中,教师有目的地引导学生用英语进行表达,让学生学会"以独立之心,做合作之事",完成"让学习真实发生,让思维看得见"的词汇练习。对于用英语表达有困难的学生,教师可以降低操作要求。学生可以给出这样的线索:

(1) It's a/an noun/verb/adj …

(2) It begins with letter _____ and ends with letter _____.

(3) It is the opposite of _____. Its meaning is similar to _____.

词汇学习不应该是枯燥乏味的,恰恰相反,词汇学习应当是生动有趣而又富含意义的。在猜词的过程中,学生不仅感受到刺激与挑战,还体验到合作与成功。学生调动视觉、听觉等感官参与游戏活动,获得了全方位的体验。

四、结束语

　　词汇学习是英语学习的根基,而词汇练习是学生高效学习词汇的关键。新教材的词汇练习设计体现了对学生核心素养的培养。除了上述五种词汇训练方式,新教材学生用书的词汇练习还包括根据英语释义或语境从课文中找出生词或习惯用语,其训练目的是培养学生使用英语词典准确理解词义的能力。

　　新教材的词汇练习设计充分体现多样性的特点,而具有多样性特点的教材更令学习者喜欢。同时,因为多样的词汇活动和练习设计有益于调动学生内在的学习动力,教师可以借助这一教学理念进一步提升词汇课堂的活力。因此,教师在词汇教学中应不断探索提高学生词汇学习效率的途径,以提高词汇教学的有效性。

参考文献

　　1.程晓堂,孙晓慧.英语教材分析与设计:修订版[M].北京:外语教学与研究出版社,2017.

　　2.何安平.外语教学大纲·教材·课堂教学——设计与评估[M].广州:广东教育出版社,2001.

　　3.林崇德.心理学大辞典:下卷[M].上海:上海教育出版社,2003.

　　4.漆静.人教版高中英语教材词汇练习设计解析[J].科教导刊(上旬刊),2015(13):128-129,179.

　　5.人民教育出版社等.普通高中课程标准实验教科书英语③④同步写作[M].北京:人民教育出版社,2007.

　　6.人民教育出版社等.普通高中课程标准实验教科书.英语必修1、必修2、必修3、必修4(学生用书)[M].北京:人民教育出版社,2008.

　　7.人民教育出版社等.普通高中课程标准实验教科书.英语必修3(教师用书)[M].北京:人民教育出版社,2008.

　　8.中华人民共和国教育部.《普通高中英语课程标准(2017年版2020年修订)》解读[M].北京:人民教育出版社,2018.

阅读理解词义猜测题解题技巧
及对词汇教学的反拨作用

正确理解文章中单词或短语的含义是理解文章的第一步。英语单词的含义并非完全等同于词典中所标注的汉语意思，而是随不同的语境发生变化。许多词汇的含义可以通过上下文进行推测；学生能够根据上下文正确理解灵活变化的词义，才算是真正初步具备了一定的阅读理解能力。本文结合高考英语试题的典型实例，阐述阅读理解中词义猜测题的特点、解题思路及对高中英语词汇教学的反拨作用。

一、阅读理解词义猜测题考查要点及命题形式

英语阅读理解词义猜测题要求考生根据阅读材料所提供的信息，结合生活常识和社会文化知识，正确判断单词、短语、句子的含义，尤其是对熟词生义和代词指代的判断。词义猜测题常见的命题方式如下：

(一)对单词和短语意思的猜测

The underlined word/phrase in the … paragraph refers to/means _____.

The word/phrase in the … paragraph can be best replaced by _____.

(二)对句子意思的猜测

The sentence" …" indicates/implies/means that _____.

(三)对代词意思的猜测

What does the word "it/that" underlined in the … paragraph refer to?

二、阅读理解词义猜测题解题技巧

(一)结合上下文猜测单词和短语的含义

在阅读英语文章时,对于未见过的单词、短语,结合上下文猜测词义是最常用的方法之一,也是扩大英语词汇量的有效方式。教师应当将指导学生如何利用上下文猜测词义作为日常教学的一部分,以帮助学生更好地理解文章内容。以湖北省高考卷第 52 题为例。

52.The underlined phrase "draft notice" means "_____".

A.order for army service   B.train ticket for Europe

C.letter of rejection   D.note of warning

解析:该试题让学生猜测 draft notice 的意思。学生首先从上下文寻找语言线索。"One day, in 1918, my uncle Milton received his draft notice. My grandparents were very upset."的意思为:当叔叔收到 draft notice 之后,祖父母的反应是非常沮丧的。然后学生可以利用话题背景知识进行猜测。从文章中学生可以了解到,作者的祖父从匈牙利移民到了美国,当美国和欧洲开战的时候,祖父忧心忡忡;另外,文中提到她的哥哥去打仗,说明收到的东西与战争有关。选项 B"去欧洲的火车票",C"被拒收的信",D"警告令",与文意不合。由此,学生联系上下文,选择 A 项。"draft notice"意为征兵入伍通知。

(二)对比法

对比法是指运用反义词和表示比较关系的词(组)来推测词义。表示对比关系的词汇和短语主要有 but,however,unlike,despite,in spite of,in contrast 和 while。

Example:A frugal boss will never give a generous bonus at the end of the year.

解析:该句并未出现表示对比关系的词或短语,但是通过语境可以判断出句子前后形成对比关系,即一个节俭的老板永远不会在年底给员工一笔丰厚的奖金。frugal 和 generous 形成前后对比,据此学生可以猜测 frugal 的词义为"节俭的"。

(三)上下义关系

上下义关系指两个词之间的一种关系,即其中一词的意义包含或被包含于另一词的意义。换言之,表达的意义更广泛的词为上义词,被包含的词则为下义词。

Example 1:Scientists are now studying how birds such as terns and swans move from one place to another.

Example 2:Violins,violoncellos,violas and mandolins all belong to stringed musical instruments.

解析:根据上下义关系和例 1 中含有 such as(用于列举事物,意为"诸如此类"),可以判断 birds 包含 terns 和 swans,由此学生可知 terns 和 swans 均为鸟类。例 2 利用上下义关系及句子中的 belong to,说明 stringed musical instruments 包含 violons、violoncellos、violas and mandolins,由此学生可知 violins、violoncellos、violas and mandolins 均为弦乐器。

(四)下定义

根据定义猜测词义是指学生利用判断句中的动词 be、be called、refer to、mean 等判断词,根据已知部分猜测生词的含义。比如,学生运用定语从句或同位语对其先行词起修饰或解释说明作用的功能,可以猜出该先行词的词义。科技文章较常利用下定义对一些核心词或专业术语进行解释或说明。答题过程中,学生只要认真细心、善于观察,运用下定义的方法就可以排除干扰选项,猜出正确词义。

Example 1:Linguistics is the study of language across space and time.

Example 2:For their fishing and hunting the men used a kayak, a small boat for one person.

Example 3:Perhaps the most astonishing theory comes out of the medical research of kinesics which is on the study of body movement.

解析:

例 1 用系动词 is,即利用动词 be 给生词 linguistics 下定义。

例 2 利用同位语 a small boat for one person,让我们知道 kayak 是一种单人小船。

例 3 利用定语从句对先行词进行限定,由此我们可知 kinesics 是人体动作学。

(五)标点符号

标点符号有时起着解释词义的作用,如括号、破折号(用在一个解释性的分句或句子前面)、冒号等。

Example 1:Taekwondo—a Korean martial art—is very good for self-defence.

Example 2:Luckily,most of the ailments (sickness) that people suffer from can be treated at home with little or no medicine.

解析:例 1 中的 Taekwondo 是个生词,学生借助破折号可知这是一种韩国武术,再根据相关背景知识,即韩国的国技为跆拳道,可以推测 Taekwondo 意为"跆拳道"。例 2 中的 ailments 是个难词,学生根据括号里的词 sickness 可知这是疾病的意思。由此可见,标点符号有助于学生理解或推测词义。

(六)信号词

英语信号词又称功能词,是使语篇连贯的重要手段。根据信号词的释义功能,学生可以进行词义猜测。

1.注意表示同义或近义的信号词。比如 and、or、like、as well、similarly、too、also 等。在被释义词的前后看到这些信号词,可从熟悉的词语中推断生词的含义。以四川省高考卷 D 篇为例。

What does the underlined word "nocturnal" in Paragraph 5 mean?

A. Active at night.　　　　　　B. Inactive at night.

C. Active during the day.　　　D. Inactive during the day.

解析:该试题让学生猜测"nocturnal"的意思。学生首先从上下文找到语言线索:"And it is not just robins that are being kept awake by artificial light. Blackbirds and seagulls are also being more nocturnal."。从前句,学生可以了解到不只是知更鸟在人造光下会一直醒着。后句中的 also 意为"也",说明乌鸫和海鸥与知更鸟的情况是一样的。由此,根据信号词 also,学生可以推测 nocturnal 是醒着的意思,又因句子中提到借助人造光保持清醒,可推测时间是在夜晚,故答案选 A。

2.注意表示反义的信号词。比如 while、on the other hand、in contrast、on the contrary、rather than、however、yet、but、although、unlike 等。通过运用反义关系,读者对词语的意义可以进行更正确的判断。

Example:My sister Mane is an optimist, *while* her boyfriend is one who is always gloomy and expects the worst to happen.

解析:信号词 while 引导复合句,主句与从句形成转折关系。主句中的 optimist 意思是"one who expects the best",即"乐观的"。据此学生可以猜测 gloomy 的词义是"one who expects the worst",即"悲观的"。

3.注意表示解释说明关系的信号词。比如 namely、in other words、that is(to say)、the same as 等也可以用于猜测词义。

三、对词汇教学的反拨作用

对词义猜测题解题技巧的归纳,对于今后高中英语词义猜测教学可起到良好的反拨作用。以下是笔者在高考英语词汇备考过程中的总结,也是在平时词汇教学中渗透阅读理解词汇猜测技巧的一些做法。

(一)词汇练习设计多样化

在《普通高中课程标准实验教科书·英语教师教学用书》的前言中,编者就教材使用进行了阐述:"教师应做教科书的主人,教师应从学生和学校教学实际出发,即教师应灵活而又有创造性地使用教材。"在教学实践中,教师应尝试改变由教师讲解词语的传统教学方法。教师用书中为教师提供了一些词汇教学的方法以及词义推测的策略,比如如何通过上下文线索、词的构成和已有的知识来猜测词义以及如何使用词典等,均可用于词汇教学。

1.词汇的熟词生义

针对阅读理解中词义猜测题考查词的多义性这一点,词汇练习可以做到有的放矢。例如人教版普通高中课程英语必修三第三单元 Discovering useful words and expressions 的 Item 2,练习设计如下:

A. He wandered around Tibet for about a month. His experience is unbelievable.

B. The professor wandered from the subject of his speech.

该词汇练习针对熟词生义而设计,首先要求学生解释单词的意思,然后用该词的不同词义造句。

2.词汇替换练习

(1)同义替换。例如人教版普通高中课程英语必修四第二单元 Discovering useful words and expressions 的 Item 2,练习设计如下:

According to the WHO's <u>information</u>，about 1.8 million people across the <u>world</u> die each year from diseases caused by unsafe food and water.

该词汇练习要求学生用本单元所学的单词替换画线的单词，并在需要时对该词的形式进行适当的改变。

（2）反义替换。例如人教版普通高中课程英语必修五第四单元 Discovering useful words and expressions 的 Item 2，练习设计如下：

A. <u>By accident</u> she broke that beautiful bowl.

B. She _____ broke that beautiful bowl.

该词汇练习要求学生用 Reading Passage 里具有相反意义的单词或词组替代画线部分。

3.词汇释义。例如人教版普通高中课程英语必修五第一单元 Using words and expressions 的 Item 2，该词汇练习以 expose 为例，要求学生解释不同语境下单词的意思（见图 1-8）。

2 Look at the dictionary entry for the verb *expose* and match the meanings with the sentences on the right. Write the correct numbers in brackets.

expose /ɪkˈspəʊz/ *vt.* **1** to show something that is usually covered or hidden: **expose sth to sth** *Potatoes turn green when exposed to light.* **2** to put someone in a situation which is dangerous or unpleasant: **expose sb to sth** *The report showed that the workers had been exposed to high levels of radiation.* **3** to tell the truth about something especially when it is bad: **expose sb as ...** *The man was exposed as a liar and a cheat.* **4** to be able to experience new ideas or ways of life: *Some children are never exposed to classical music.* **5** to allow light onto film to make a photograph **6** to show feelings that you usually hide

( ) When he lifted his shirt he exposed his strong athletic chest.
( ) Li Hui was exposed to cholera but luckily she did not become ill.
( ) You cannot expose undeveloped film to light.
( ) I was afraid to expose my true feelings in case he laughed at me.
( ) The human rights lawyer spent his career exposing injustice in society.
( ) I was never exposed to ballet until I was sixteen.
( ) Mushrooms do not grow well if exposed to light.

图 1-8 **expose** 的英文释义及例句

（二）词汇练习游戏化

为激发学生对英语词汇学习的兴趣，教师可将游戏引进课堂教学，做到寓教于乐。游戏不仅能愉悦学生心灵，更能提高学生思维的敏锐性和果断性。例如，笔者模仿《非常6＋1》的猜词游戏，把猜词游戏运用到词汇复习中，为枯燥的英语词汇学习增添趣味性和竞争性。另外，教师可在设计字谜的基础上，适当增加两人或多人参与的字谜游戏活动，以此拓展练习词汇猜测的途径,加强课堂的师生互动和学生参与。

四、结束语

学生在阅读英语文章时必然会遇到生词。事实上,理解阅读材料中词汇的意思离不开它的语用意义与语境,即它在句子、语篇中发挥的作用。不使用词典而通过结合语境运用各种猜测词义的方法推断出生词含义的能力,是一个合格的读者应该具备的能力。阅读理解中词义猜测题解题水平的提高需要一个反复实践的过程,需要长期的训练才能见成效。在平时英语阅读理解教学中,教师应不断培养学生运用猜测词义的阅读策略克服生词障碍的能力,从而提高学生在有限的时间内快速获取和处理语篇信息的素养。

参考文献

1.人民教育出版社等.普通高中教科书·英语必修3、必修4、必修5(学生用书)[M].北京:人民教育出版社,2008.

2.人民教育出版社等.普通高中教科书·英语必修3、必修4、必修5(教师教学用书)[M].北京:人民教育出版社,2008.

3.Paul Nation. Managing vocabulary learning[M]. 北京:人民教育出版社,2008:31-33.

4.Thomas S.C. Farrell. Planning lessons for a reading class[M]. 北京:人民教育出版社,2008.

借班上课引发的对教师课前准备的思考

在英语教学教研和教学比赛中，借班上课是常见的授课形式。由于借班上课的不确定性和特殊性，教师在授课中面临极大挑战，这在无形当中增加了备课难度。难度一：教材、教学进度不确定。跨地区的借班上课可能采用不同的教材，教材涉及范围广，内容多且复杂，既有可能是教师熟悉的话题也有可能是陌生的话题。教材相同的情况下，不同学校的教学进度也可能不同。难度二：课型不确定。有可能是（阅读、语法、听说）新授课，也有可能是讲评课或者是复习课等。难度三：学生不确定。所面对的学生来自不同学校和不同年级，这意味着执教者须依据不同学情设置教学活动。在教学过程中，授课教师必须将这些未知因素和已知因素有机地联系在一起，才能切实地做好备课工作。

面对临时公布的授课内容、随机抽取的班级、陌生的学生以及不同的教学环境等诸多因素，教师在借班上课的准备过程中可能会感到茫然或不知所措。笔者从亲身体会出发，并借鉴其他教师的成功经验，从备教材、备学生两方面就如何做好借班上课的课前准备工作进行了探讨。

一、备教材

高效的借班上课要求教师首先浏览全册课文，其目的是了解各个单元的内在联系以及本单元的教学地位；随后重点浏览相邻单元的教学内容，明晰在语言知识、语法学习、语言运用上各单元间是否形成关联。

其次是熟悉单元教学内容。单元是英语教学的基本单位。虽说借班上课，教师只是上一节课，但是熟悉和理解单元内容易于教师把握文章的主旋律，做到心中有数，更能得心应手地授课。

最后是确定教学活动。教学活动的确定为教师课堂教学的顺利开展奠定基础。在准备授课的过程中,教师边构思边写下构思的内容,包括教材内容增减、教学活动、教学步骤、教学顺序、教学策略等,这样能让思维更清晰。教学活动设计需要符合学生认知规律,这样才能让学生更好掌握新知识,即教学活动应具有可行性。教师应避免设计难度过大的教学活动,以防学生因此出现畏难情绪,不敢参与活动。又或者因活动缺乏趣味性,无法引起学生共鸣,教师只能唱独角戏。在实际课堂教学中,教师应该根据学生的课堂反应,适时调整教学内容,灵活地变动教学活动,以适应学生的学习情况。这种课堂机智既可以是临场发挥的结果,也可以是因为有备而来。

笔者曾有过这样的教学经历:原本的课堂活动是让学生根据表格内容进行对话操练,但当第一组同学进行对话操练时,学生未能完成预设的教学任务。基于学生课堂反应,如果按既定安排继续实施,恐怕难以达到理想的教学效果。于是,笔者立刻调整教学活动和节奏,采用预案,即教师首先呈现学习材料,并提供句式,然后学生运用句式操练对话。换言之,学生只需把表格中的词块放到句式中,连接成句就能完成对话。这样的方式不仅降低了教学活动的难度,也降低了学生回答问题时的焦虑程度,从而提高了学生的自信心,课堂教学得以顺畅进行。

此外,教师对于备教材还需思考:怎样才能使课堂有亮点?好的开始是成功的一半,课堂导入无疑是一个重要的环节。一堂课像一场戏,要有引人入胜的序幕。如何自然而又精彩地引入新课?教师可以运用各种导入法,比如情境导入法、图片导入法、音乐导入法、故事导入法、设问导入法、猜谜导入法等。同时,一堂课就像一部悬疑剧,要有意想不到的结尾。同一堂课,着眼点不同,思路不同,方法自然也就不同。但无论哪一种方法,只要具有良好的教学效果,都是有效的教学。

二、备学生

高效教学的基本前提是对学生的充分了解。对于借班上课,教师要做到充分了解学生显然是有困难的。一般情况下,教师只能通过掌握学生所处年龄阶段所反映的共性特点以及课前与学生进行的简短的面对面交流了解学情。为此,授课教师应提前做好各种准备,以达到沟通师生情感和活跃课堂气氛的目的。

　　首先,教师应调整心态,将自己看成"借班"的老师。每个教师都有第一次上课的经历,大部分老师也有代课的体验。这些经历使得教师对"借班上课"这种授课方式并不感到陌生。通过这种"自我暗示",教师授课更有底气,也更加自信,能够在无形中拉近师生距离。

　　其次,教师可通过与借班的任课教师交谈,了解教学安排以及班级的基本情况。具体内容包括:课时安排、前期学习内容、班级层次、学习情况、学生人数、男女比例、班级课堂气氛等。学生的支持与合作是完成借班上课的有力保障。短时间内,如何让学生对教师形成良好的初步印象?教师的自我介绍尤为重要。教师应预先设计师生见面情景,事先准备师生交谈内容。比如,通过单词带读,教师与学生进行适当互动。学生借此熟悉教师的语音语调,教师也可以巧妙地将授课内容蕴含其中。教师还可以充分利用课前几分钟,再次熟悉多媒体操作和教室环境,这些都可为流畅的授课做好铺垫。

　　最后,教师根据学生的接受程度,适当地增加或减少授课内容。授课老师预先准备一些相对"灵活"的内容。所谓"灵活"的内容包括主题讨论、归纳文章大意、复述文章、句子翻译等。在授课过程中,教师应根据课堂实际情况,灵活把控教学节奏,合理地增加或减少教学内容,以保证教学的相对完整性。

三、结束语

　　面对借班上课的情况,授课老师越细致地进行授课准备,越能更好地处理课堂突发事件。首先,梳理授课思路和流程。教师应事先写好精炼又得体的课堂导入语及过渡语,反复朗读并默背在心以达到自然表达的效果;估算每个教学环节的授课时间,以便更好地控制授课节奏。其次,事先对突发事件进行预测并制定应对措施。借班上课的不可预测性给授课教师带来了全方位的挑战,这种不可预测性是对授课教师运用教学机智处理突发事件的能力的考验。这就要求教师对可能出现的问题应有预见性及对策。比如,如何处理授课过程中出现的电脑故障?"凡事预则立,不预则废",多做预设,教师才能更冷静地处理突发事件。

　　借班上课是难以预测的,充满着未知和挑战。然而,正是这些不确定性与挑战,才让它拥有了一种特殊的魅力。借班上课是一种奇妙的体验,一种难得的磨炼,一种珍贵的教学经历。

参考文献

1.陈凌霄.教师借班上课时的课前谈话艺术[J].浙江教育学院学报,2005(6):105-109.

2.中华人民共和国教育部.普通高中英语课程标准[S].北京:人民教育出版社,2007.

新课标下初高中英语教学衔接的思考及应对策略

高中一年级是中学阶段承前启后的一年。由初中升入高中,对大多数学生来说是一次大的飞跃。有的学生认为,初三学习任务太重了,高一该歇歇了,思想上有放松的倾向;有的学生认为,初三学习任务那么重都挺过来了,高一只是起始年级,没什么大不了的,思想上有轻敌的倾向;还有的学生认为,初中英语基础不牢固,高中英语不仅增加学习内容,而且加大学习难度,英语肯定是学不好的,思想上有畏难的倾向。如何做好初高中英语教学衔接?针对学生面临的以上问题,笔者对初高中英语教学衔接提出几点思考及应对策略。

一、重新认识英语学习,形成正确的学习态度

初中英语测试在题量,题型的灵活性,考试题目的难度、深度、广度上远不及高中英语测试。升入高中后,学生普遍感到课业负担加重,难度加大,英语往往会成为一些学生,特别是重视理科学习的学生懈怠甚至放弃的科目。虽说"兴趣是最好的老师",但高中英语学习单凭兴趣是不够的,要有充足的思想准备去克服英语学习中的难关。学生应把高中英语学习看作一次全新旅程,重新认识英语,重新认识英语学习。唯有如此,学生才能更加坦然地面对高中英语学习的起起落落。

二、夯实基础知识,梳理知识线条

学好英语的基础是要过好词汇关。初中英语词汇量虽不算大,但却是最基本最常见的。对于即将升上高一的学生,暑假是查缺补漏的黄金期,应当充

分利用这段时间,有计划、分阶段、分步骤对初中学过的 1 500～1 600 个单词和 200～300 个习惯用语或固定搭配按照一定的顺序重新整理,集中识记,归类复习。比如,把初中阶段"只作理解"的英语词汇按照高中阶段的"熟练掌握"要求来记忆学习。又如,在单词识记过程中,有意识地运用英语词汇记忆策略,提高单词记忆效率。

学好英语的关键是要过好语法关。高中英语测试中,无论是听力、单项选择、完形填空还是阅读理解题,均具有一定难度,需要学生运用词汇、语法等多方面知识分析问题、解决问题。为尽快适应高中英语学习,学生应重新梳理初中英语基础语法知识(见表 1-10),做到系统理清基础知识。同时通过适量的练习加以复习巩固和提高,以此盘活知识,为高中英语语法学习打下坚实基础。学生只有过了词汇关和语法关,才算是打好了英语学习的根基。

表 1-10　初中英语基础语法知识

分类	内容
词性	实词:名词、代词、形容词、副词、动词和数词 虚词:介词、连词、冠词和感叹词
句式	简单句的六种基本类型 并列:祈使句/名词短语＋and/or/but＋陈述句语序 复合句:宾语从句、定语从句、状语从句(时间、原因、条件、目的、结果、让步)
时态	八种基本时态:一般现在时、一般过去时、一般将来时、过去将来时、现在进行时、过去进行时、现在完成时、过去完成时
语态	两种语态:主动语态和被动语态
从句	宾语从句、状语从句、定语从句
非谓语动词	动词不定式、动名词
引语	直接引语和间接引语

三、重视学习,养成良好的学习习惯

学习习惯对于高一学生至关重要。高一学习习惯对初中阶段形成的学习习惯有继承性,但更应有发展性、完善性。学生应重视课前预习、课堂听讲、课后复习、课后作业这五个环节。课前预习的目的是初步感知和理解教材,提出疑问;课堂听讲的目的是扫除障碍,更好地理解、归纳知识;课后复习是为了巩固知识,加深理解;课后作业就是对所学知识加以巩固、消化,并进行应用。这是英语学习链条中最基本和最重要的四个环节。

(一)课前预习

课前预习是学生在老师讲课之前独立自学新课的内容,做到初步理解并为新授课做好知识准备和心理准备。在实际学习过程中,相当一部分学生由于未能充分认识课前预习的重要性,导致无效或低效学习。教师应通过反复强调或个别交流,让学生逐渐意识到课前预习的必要性和重要性,这有益于提高学生的听课效率,使学生的学习指向性变得更加明确,针对性也更强。

(二)课堂听讲

课堂是教学的主阵地,课堂听讲是学生在校学习的基本方式。通常教师具有比学生更丰富的学业知识和生活阅历,除了传授课内知识,还能传授课外知识并培养学生拓展学习的能力。学生要从思想层面上认识上课听讲的重要性,积极主动适应老师的讲课方式。通过老师的授课讲解和指导,学生对老师课上所讲解问题进行二次思考,这会大大降低学生自我学习的难度。学生重视课堂学习,不仅有利于更好地掌握知识,还有利于发展自己的认识能力。长期坚持专心听讲,更能培养出良好的注意力。

(三)课后复习

"温故而知新,可以为师矣。"对于学生而言,仅通过课堂学习来掌握当天所学的知识是有困难的,这就需要日常复习。有些学生不注重日常复习,导致考试成绩并不理想。一旦考试,他们就临阵磨枪;但时隔不久,就忘掉了所学知识。只靠临时突击进行学习,是难以真正掌握知识的。由此可见,及时进行课后复习是很有必要的。

课后复习使学生对知识加深理解、牢固掌握、灵活运用。根据艾宾浩斯的"遗忘曲线"规律,学生要合理选择复习时机。这不仅是巩固旧知识的必需,还是与遗忘进行斗争、获得新知识的前提,更是进一步巩固记忆、消化理解,并把所学知识条理化、系统化的过程。学生通过尝试回忆、整理笔记等方式,对课堂上所学习的内容进行理解消化,同时将知识内化为知识结构。

(四)课后作业

课后作业是课内作业的延续,是学生在课外时间独立进行的学习活动,是学科教学过程中的一个重要环节,是学生学习活动的一种重要形式。课后作业有以下三个主要作用:第一,加深学生对教学内容的理解和巩固,并有助于进一步分析掌握相关的技能、技巧;第二,课后作业是课上教学的有效延伸,是课堂学习的巩固和深化,是学生课外学习的重要手段;第三,通过课后作业,学生可以了解自己的学习效果,而教师则可以了解学生是否掌握了课堂知识。根据学生作业完成情况,教师可以调整上课进度、授课内容,及时查漏补缺,因材施教。

四、提高阅读量,促进文化意识培养

《普通高中英语课程标准(实验)》针对基础教育阶段英语课程的总体目标,从语言技能、语言知识、情感态度、学习策略和文化意识等五个方面提出了具体的教学内容标准。语言技能六级目标描述为除教材外,学生课外阅读量应累计达到 18 万词以上。另外,文化意识是指高中学生应了解英语国家的历史地理、风土人情、传统习俗、生活方式、文学艺术、行为规范、价值观念等方面的内容。通过课外阅读,学生可以对英语国家的文化进行更深入的接触和学习,这有益于学生对英语的理解和运用,有助于学生进一步理解与认识本国文化,有利于培养学生的国际意识。

语言是文化的基石,没有语言就没有文化。反之,语言又受文化的影响,反映文化。学生在英语阅读的过程中,大量接触英语成语、惯用语、谚语、俗语和格言等,这些是从成语典故、神话传说、文学典故、圣经故事或史实中衍生出来的,其丰富的文化内涵是在漫长的历史发展过程中逐渐积累起来的。在阅读过程中,学生不仅学习词汇、语法,更学习到语言背后承载的故事、历史、文化。阅读能使学生更深刻地体会到:语言是可爱有趣的,语言是有生命力的。

参考文献

1.教育部《基础教育课程》编辑部.中学新课标资源库:英语卷[M].北京:北京工业大学出版社,2004:16-18.

2.宋婷.新课改下初高中英语衔接教学新思路之我见[J].新课程,2021(18):16.

3.中华人民共和国教育部.普通高中英语课程标准[S].北京:人民教育出版社,2007.

第二章

课程资源

英语报刊对提升高中生
英语阅读能力的作用研究

——以《21世纪英文报》为例

英语阅读是学生在第一语言的学习环境中学习第二语言与获取有关信息的主要途径。《普通高中英语课程标准（实验）》（以下简称《课标》）指出，英语课程要力求合理利用和积极开发课程资源，给学生提供贴近学生实际、贴近生活、贴近时代的，内容健康和丰富的课程资源，要积极利用书报杂志等丰富的教学资源，拓展学习和运用英语的渠道。英语报刊以其独特的优势满足了英语课程标准提出的相关要求，因此，《21世纪英文报》（21st Century）被广泛使用于英语报刊辅助阅读教学的研究中。

根据心理语言学的最新研究，作为言语理解的一项内容，阅读是读者通过对书面材料的阅读理解，从中获得一定量的信息并影响自己非智力因素的过程。因此，阅读不仅是将一些已理解的词汇的意思连在一起，还涉及多方面的知识，需要读者的主观认知意识的积极参与。有效的阅读训练不但能大大提高学生的阅读能力，而且能快速提高他们运用其他英语技能的能力。

由于阅读在英语教学中的重要性，即阅读理解能力是测试一个人的英语水平，包括词汇量、语法知识、阅读速度、理解能力、知识面等的有效手段之一，因此，在近十年的英语高考中，阅读理解部分占有很大的比重，通常占40分或以上（总分150分）。阅读理解试题所选文章的内容相当广泛，有人物传记、寓言故事、活动记述、社会文化、文史知识、科普小品和应用文（包括信函、请柬、通知、便条、说明、表格、图示和标志等）。由此，在英语教学中，教师应根据学生的年龄特点和认知能力，逐步扩展学生文化知识学习的内容和范围。在起始阶段，教师应让学生对英语国家的文化及中外文化的异同有粗略的了解，初步形成跨文化意识。在英语教学中涉及英语国家文化的知识，则要与学生的日常生活密切相关，以激发学生学习英语的兴趣。在英语学习的较高阶段，要通过扩大学生接触异国文化的范围，帮助学生拓宽视野，了解交际中的文化内涵和背景,对异国文化能采取尊重和包容的学习态度,提高他们对中外文化异同的敏感性和鉴别能力,进而提高跨文化交际能力。

《课标》语言技能目标(七级)要求高中生能阅读适合高中生的英语报刊或杂志;除教材外,课外阅读量应累计达到 23 万词以上。语言技能目标(八级)对阅读的要求则为:能根据学习任务的需要从多种媒体中获取信息并进行加工处理;除教材外,课外阅读量应累计达到 30 万词以上。语言技能目标(九级)对阅读的要求是:能阅读一般的英文报刊,获取主要信息;要有广泛的阅读兴趣及良好的阅读习惯;能有效地利用网络等媒体获取和处理信息。根据《课标》的要求,目前高中学生的语言输入是远远不够的,而英语报刊在这方面具有不可替代的优势,它可以为学生提供广泛的阅读题材和有趣的阅读内容。

一、英语报刊阅读优势

(一)文章精炼,内容丰富

《21 世纪学生英文报》(21st *Century Teens Senior Edition*)刊登的大部分文章短小精悍,针对性强,难度适中。报纸内容丰富多样,既涉及时事新闻、名人轶事、天文地理,又涵括校园文化、体育运动、休闲娱乐、生活常识等方面。此外,报纸版面设计科学,色彩鲜艳,具有较强的视觉冲击力,令人耳目一新。与教材相比,报刊文章更贴近社会,反映时代生活,更能引起学生的共鸣,为高中生英语课外学习提供了丰富的素材。英文报刊为学生提供更多的阅读选择,学生更容易发现与自己的爱好和阅读水准相匹配的可读文章。因此,通过阅读英文报刊,学生能在较轻松的环境中进行英语阅读,从而达到获取信息、扩大知识面、提高英语水平的目的。

(二)内容真实,时效性强

建构主义教育强调"真实的学习",即教学不是通过教师向学生单向传递知识就可以完成的,知识也不是通过教师传授而得到的,而是学习者在一定的情境即社会文化背景下,借由其他人,包括教师和教学伙伴的帮助,利用必要的教学资料,通过意义构建的方式获得的。《21 世纪学生英文报》作为一种优质的教学资源,具有两个基本特点:其一,它将社会文化、现实生活、学校学习三者有机融合;其二,语言地道,内容时尚,视角独特,体现国际化视野。在阅读英语报刊时,学生容易被文章的内容吸引,在阅读中不会有太大的压力和负担。同时,学生也能同步体验到用英语了解世界、了解社会、了解生活的乐趣。

《21世纪学生英文报》的内容涉及社会的方方面面,大到国家大事,小至日常生活小事,学生通过阅读即可直接了解社会。学生在英语报刊阅读过程中,可以充分调动已有的社会背景知识进行"有准备"的阅读,也会积极地将文章内容与已知情况相联系,将自己的想法与作者的观点相比较。因此,学生进行英语报刊阅读,不仅有利于调动已有的知识储备,而且在阅读的过程中,他们的思考更主动积极,更有意义,也更有深度。

二、英语报刊阅读帮助学生进行词汇学习

"To read well, you need a strong vocabulary. To build a strong vocabulary, you need to read well."这句名言看似表面矛盾,其实千真万确。它道出了阅读和词汇量的关系:要有流利的阅读,就必须有丰富的词汇;而大量的阅读亦可以丰富学生的词汇。美国语言学家德里勒(Driller)(1978)根据词汇统计特征指出:"如果我们认得25个最常见的英文单词,平均每页纸上的词我们会认得33%;如果认得135个常用词,则为50%;如果认得2 500个,则为78%;如果认得5 000个,则为80%;一旦记得10 000个,可达92%。"由此可见,阅读能力的高低和词汇量的大小是分不开的。

以英语为母语的学生到18岁已掌握了18 000~20 000个词;而中国的大多数高中生到毕业时,掌握的英语单词仅为3 000~3 500个。两者相比,差距是很大的。为了能顺利读写英文,学生要尽可能通过各类途径学习单词,因为词汇量越大,就越能应对高要求的读写。而目前大部分学生的词汇量偏少,这严重影响了他们阅读能力的提高。对大多数学生来说,英语学习最大的障碍就是单词。然而,很多学生把大部分的时间都花在了记单词上,效果却往往不尽人意。因为他们通常是通过"一对一"的学习来记住单词的中文意思,并没有结合语境来记忆。所以,换个语言环境就不认识了,更谈不上语言的运用。但是通过阅读英语报刊,能让学生无意识地习得大量词汇。

通过大量阅读英语报刊,学生读的东西多了,词汇量大了,语言现象熟悉了,其他方面的能力也会得到提升。当然,要大量阅读,必须有大量词汇;而要有大量词汇,又必须大量阅读。阅读与词汇两者相辅相成、相互促进。因此,要扩大词汇量,首先要学会区别对待"积极词汇"与"消积词汇"。也就是说,学

生应该扩大词汇接触面,适当降低掌握这些词汇的要求,才能在短期内扩大数量。反过来,也只有扩大了词汇数量,阅读中才不至于寸步难行、望"文"兴叹。通过阅读英文报刊,学生能迅速扩大消极词汇量,并且保持接触的频度,力争使其变成积极词汇。即使不能使之变成积极词汇,也要通过反复阅读,把陌生的词汇变得熟悉,久而久之,这些单词就不知不觉在头脑里生根发芽了。

三、英语报刊阅读增强学生的文化意识

语言具有丰富的文化内涵。文化涵盖物质和精神两个方面,物质文化包括饮食、服饰、建筑等,精神文化包括语言、文学、艺术、科学等。在学习过程中,要不断让学生接触各国优秀文化,帮助学生理解文化内涵,比较文化异同,汲取文化精华,奠定文化自信的基础。掌握丰富的中外多元文化知识,认同优秀文化,有助于促进英语学科核心素养的形成和发展。

虽然词汇量和语法是英语阅读的基础,但国与国之间的文化差异对学生造成的文化干扰也会影响其阅读效果。正如认知理论表明的,如果读者对阅读材料的背景文化知识一无所知,那么他基本上是无法读懂材料的。此外,随着科学的突飞猛进,人们和外界的联系不断加强,信息共享时代使学生的阅读材料越来越丰富,阅读内容更加广泛。因此,当前的英语阅读材料内容不仅涉及历史、宗教、风俗习惯、哲学、政治、经济、军事、外交、风景名胜等社会文化因素,还涉及大量科学技术及某些专业性极强的领域的知识。所以,如果只注重词的字面意义,而没有相关专业知识的支撑,就会造成理解错误。正如某年高考英语卷的语篇填空题涉及 Thanksgiving Day、Black Friday、profits in black ink and losses in red ink、in the black 等文化知识。文章中出现较多的专有名词,会对阅读经验不足的学生造成干扰,而对于那些具有 Thanksgiving Day(感恩节)、Black Friday(黑色星期五)等背景知识的学生,阅读效果相对就会好些。同时教师应对 in black(穿黑衣服)/in the black(有盈余)加以解释,并引申到 in the red 及词组的来源。综上,学生应在日常学习中通过阅读报刊、书籍等,增加自己的文化知识,以便更好地理解文化内涵,比较文化异同,汲取文化精华,建立文化自信,培养文化意识。

按照基础教育阶段英语课程分级总体目标的要求,《课标》对语言技能、语言知识、情感态度、学习策略和文化意识五个方面分别提出了具体标准。高中学生应能理解英语中常见的成语和俗语及其文化内涵,同时要能理解英语中常用的典故或传说等。

接触和了解英语国家文化有益于对英语的理解和使用,更有益于加深对本国文化的理解与认识,培养和进一步发展世界意识。在英语教学中,教师应根据学生的年龄特点及认知能力的不断提升,逐步扩展学生文化知识学习的内容和范围。以"睡觉"的相关表述为例,见表 2-1。

表 2-1　关于"睡觉"的表述

英文表达	汉语释义
have a sound sleep	睡得香
sleep like a log	睡得很沉
out like a light	形容某人入睡速度很快,一躺下就能睡着
dead to the world	比喻一个人睡得很沉,仿佛和世界说了"再见"一样

再比如 sleep on it,学生容易望文生义,理解为在上面睡觉。其实它的真实意思是好好考虑一夜,推迟对某一个重要问题做出决定的时间,以便有更多的时间来考虑。这个说法可以追溯到英国的著名国王亨利八世。1519 年,亨利八世遇到了一个难题,很难做出决定。历史学家找到的一些官方文件记载了亨利八世的话,他说"We should sleep and dream upon the matter."。这句话的字面意思是,我们应该对这个问题睡觉和做梦。然而,他真正的意思是,对于这个问题我们应该再花点时间好好考虑。

对词汇背景故事的介绍,可使学生对词汇的理解更为深刻,同时也扫清了他们的阅读障碍。因此,学习中外优秀文化,有助于学生在对不同文化进行比较、鉴赏、批判和反思的过程中拓宽国际视野,理解和包容不同文化,加深对中华优秀传统文化的认识,形成正确的价值观和道德情感,成为有文明素养和社会责任感的人。

四、结束语

在英语报刊阅读过程中,教师由于过于注重扩大学生词汇量及拓展学生的文化背景知识,更多的时候是把文章中词汇的习得、语法点的讲解、语篇的分析作为讲授的重点,仍然侧重于分析式阅读能力的培养,忽略了对学生阅读英语报刊时应具有的快速浏览能力及在大量信息中迅速检索所需要信息的能力的培养。

  英语报刊作为教材的有效补充,其作用是显而易见的。首先,拓宽学生的学习渠道,有益于提高学生英语学习的积极性。在报刊阅读中,学生可接触到内容庞杂的文化,包括各种各样的中外文化知识。其次,学生的阅读能力,以及写作与口语表达能力也能得到提高。"冰冻三尺,非一日之寒",提高学生阅读能力,不是一朝一夕就能做到的。在报刊阅读教学中,教师要加强反思,持续改进,引导学生通过报刊阅读积累词汇,扩大阅读面,培养兴趣,形成良好的阅读习惯和有效的阅读方法,有效提升学生综合运用语言的能力。

参考文献

1.何广铿.英语教学研究[M].广州:广东高等教育出版社,2002:196-203.

2.教育部.中学新课标资源库:英语卷[M].北京:北京工业大学出版社,2004:32-33.

3.彭锦秀,杨阳.新课程标准指导下的高中英语泛读课程[J].中小学外语教学,2003(3):1-3.

4.王笃勤.英语教学策略论[M].北京:外语教学与研究出版社,2002.

5.王振华,马玉蕾.英语报刊选读[M].北京:高等教育出版社,2009:84-90.

6.徐青.学生课外英语信息来源与英语兴趣活动现状的调查[J].中小学英语教学与研究,2005(3):36-39.

7.叶弦,林佩芳.英语词汇背后的故事[M].海口:南海出版公司,2005:104-105.

8.赵小清.英语报刊与高中生英语阅读兴趣培养[J].商业文化(学术版),2007(8):37,40.

9.中华人民共和国教育部.普通高中英语课程标准(实验)[S].北京:人民教育出版社,2018:33-37.

附录1

Teaching Plan(教学设计)

授课材料:21st *Century Teens Senior Edition*	授课课型:英语报刊课
授课班级:Class 2,Senior 1	授课时间:Thursday, September 27th, 2012
教学目标	
1. To get as much firsthand information from the newspaper as possible. 2. To practise the reading skills: skimming and scanning. 3. To express their ideas about the new school life.	
Teaching Aids	PowerPoint and Tape
Teaching Procedure	

续表

1. Have students scan the headlines, choose the ones they are most interested in and then read in details. 2. Ask all the students to read "Extra Credit" together, and then talk about it in one or more of the following ways: • Summarize the main idea of the passage. • Retell the story in their own words. • Express their own opinions towards this subject. 3. For some passages, the teacher prepares some questions. 4. Have students read the column of "New Fantasy" quickly. Show some related pictures of Jay Chou and have them answer the questions using the chart from the passage and finish the questions in "Quiz Time". 5. Have students discuss the subject and make up their own dialogues with the topic of "Take It Easy, Freshman". Then have them present their dialogue in front of the class.
Homework 1. Review some important words. 2. Read the passage "Take It Easy, Freshman" again and think about the following questions. 　　Question 1: How can I balance schoolwork and extracurricular activities? 　　Question 2: How do you de-stress? 　　Write a 120-word composition to state your ideas based on these two questions.

附录2

高中生英语报刊阅读问卷调查表

亲爱的同学:

　　你好! 感谢你参与本次问卷调查。本问卷调查的目的是了解高中生在阅读方面存在哪些问题和疑问及对今后的英语报刊阅读有什么意见和建议。为确保本问卷调查所搜集信息的准确性,请每一位参加问卷调查的学生独立完成填写和意见表达。

　　本问卷调查只用于研究,与任何学业成绩评价无关。请根据自己的实际情况进行填写。谢谢!

第一部分:基本信息

学校名称:_____

姓名:_____　年级:_____　班级:_____

第二部分:高中生英语报刊阅读情况调查

问题一:你认为英语学习最关键的语言技能(听、说、读、写)是哪一项? 请陈述理由。

问题二:你认为听、说、读、写四种语言技能中,哪一种语言技能训练最适合在课堂上和课外开展? 为什么?

问题三:你认为要提高自己的阅读能力和阅读理解能力,是通过大量而高效的阅读才能够实现,还是通过教师详细的讲解才能实现? 为什么?

问题四:你知道《普通高中英语课程标准(实验)》吗?

英文报刊与人教版高中英语教材的整合探究

一、引言

教材是指英语教学材料中的教科书。高中英语课程使用的教材是学生学习和教师教学的重要内容和手段。英语教材的编写要以课程标准规定的课程目标、课程内容和学业质量标准为依据,全面落实英语学科核心素养的培养目标。本文以人民教育出版社 2019 年普通高中教科书《英语》为例,探究教师如何积极开发和合理利用英语报刊的优势,实现英文报刊与教材的整合,从而改善英语教学效果。

该教材从编排体系、内容安排到教学方法和练习设计等方面都较好体现了《普通高中英语课程标准(实验)》(以下简称《课标》)规定的课程性质和理念。教科书的内容体现了贴近社会、贴近生活、贴近时代的原则。可以说教科书从内容、结构、程度与分量到活动与任务的设计都符合学生生理和认知心理发展的特点。

二、高中英语教材使用中存在的问题

现行人教版高中英语教材具有许多优点。然而,"一套教材在编写完并投入使用之后,教材的文本信息不可避免地会在一定时间内落后于时代的发展。在这种情况下,如果教师不对教材内容加以调整和补充,将很难激发学生的阅读兴趣,更难以使学生将所学知识迁移到别的情境中加以应用"(陈新忠等,2018)。在教学实践中,笔者认为现行人教版高中英语教科书存在以下三点不足:一是缺乏对英语国家的语言文化、社会历史、风俗习惯的介绍。课后注释虽有提供相关文化背景,但整体内容较为单薄。二是科普、时事类文章稍显陈旧滞后。过时的内容使学生上课提不起兴趣,影响课堂教学效果。三是由于存在个体差异,教科书不能适应不同学习者的能力水平和学习需求,存在好生吃不饱、学困生吃不了的现象。针对以上不足,英语报刊自身具有的特点和优势恰好弥补了英语教科书的不足。

三、教学资源整合的理论依据

《课标》指出,学校要将各种优质的英文报刊等与教学有关的信息和资料融入英语课程资源体系中来,并鼓励教师开发和利用英语报刊等资源,营造英语学习的良好氛围。英语教学的特点之一是要使学生尽可能多地从不同渠道、以不同形式接触和学习英语,亲身感受和直接体验语言及语言运用。因此,在英语教学中,除了合理有效地使用教科书以外,还应该积极开发多种形式的英语教学资源。

四、教学资源整合的方法与运用

"整合",顾名思义,就是整合两种或两种以上的教学资源,从不同教学资源中取其精华,将之融会贯通并运用于教学中。教师对教学资源的整合实际上是通过对教学资源的正确解读从而理解课程意义的过程。教师只有对所拥有的资源进行合理统筹,对教材有所取舍和调整,才能提高对具体教学情境的适应性。

对教学资源进行整合时,教师要依据课程标准规定的课程目标,对教学资源进行初步分析和研究,包括对知识的编排顺序、教学情境、文化背景以及技能和具体目标的要求等做详细分析。笔者依据《课标》和刘道义老师 CARD 的"锦囊妙计"对教材进行处理。

(一)CARD 的概念

C(change):根据教学需求"改变"教科书的部分活动,包括调整教学顺序、教学方法等。例如:由于存在客观条件、学生水平和教学实际情况的差异,有时教材所建议的教学方法并不符合实际的教学要求。在这种情况下,教师应注重调整教学方法。根据教学需要,调整授课顺序或活动难度等。

A(add)：在使用教材的过程中，教师可以增加教学内容或活动步骤。例如：某些教学内容的语言素材不足，教师可选用报刊内容做适当补充。教师对教材进行补充时，不应该影响教材的完整性和系统性。

R(replace)：在教学过程中，教师可以根据教学需要或学生实际，替换课文内容或活动。例如：教师选用合适的报刊内容替换教材中那些偏难、偏易、易混淆的或不够好的内容，或者对教材进行增加、简化或细化的处理。

D(delete)：删减部分项目。删除现有教材中偏难的、重复的或不符合学生实际的内容。通过删除不必要的内容，保证有效教学的实施。教师对教材进行删减时，应避免为了考试而随意删除教学内容。总之，教师要在吃透教材的基础上进行删减，并持慎重态度。

(二)CARD 在英文报刊与人教版高中英语教材整合中的运用

1.以教材为主，报刊阅读为辅

新教材话题丰富，从名人、医学、环保到自然、文化遗产保护，甚至科技、航空、地理都有所涉及。所提供的语言材料力图渗透思想情感的教育，有利于学生人文素养的提高。作为辅助阅读材料，英语报刊具有其特有优势：第一，内容丰富，涉及方方面面，包括社会政治热点、科技知识、历史地理、体育运动、校园文化等，为高中生提供丰富的语言材料；第二，时效性强，所涉及的语言素材紧扣生活，随时报道热点话题；第三，语言鲜活，时代感强，有利于学生学习渠道和空间的拓展；第四，版面美观，配色合理。

2.根据学情需要，合理补充教学内容

文化类文章的背景知识介绍稍显单薄，应做适当补充，使语言与文化相互依存、相互作用。一方面，语言是文化的一个特殊组成部分，是传递文化的载体。另一方面，语言又受文化的影响，反映文化。理解语言必须了解文化，理解文化必须了解语言。

3.用更好的语言素材替换不合适的教学内容

由于教材编写、出版周期等限制，纸媒教材中反映当代社会、政治、经济发展变化的内容相对滞后。而报刊时事类文章可以及时报道热点新闻，有益于维持与培养学生兴趣；报刊的时效性、丰富性能使学生第一时间了解外面的世界，多一座通向世界的桥梁。

4.对教材过时内容进行替换或删减

新教材的科普类文章稍显陈旧，应及时替换或删减。科普类的英语文章涉及内容广泛，有计算机技术、天文地理、生物医学、机器人、克隆技术、发明创造等。科技发展日新月异,阅读科普文章的目的绝对不只是为了在考试中得高分或者仅仅读懂而已,更在于培养学生对科学技术的好奇心与兴趣,由此激发学生的想象力和创造力。

五、结束语

总之,教师要科学合理地使用教材,提升有效整合教学资源的能力。为了灵活整合教材资源,教师既要重视教材内容本身的调整、重组、选择、替换等,又要重视课外相关材料的开发利用,从而弥补教材内容形式单一的不足,提高英语课堂教学效率,更好地满足学生的需求。

参考文献

1.陈新忠,李留建,卓俊斌,等.教材虽"旧",理念先行[J].英语学习,2018(12):24-36.

2.曾昭唯.谈高中英语新课标实施中的问题和挑战:专访人民教育出版社编审刘道义[J].英语学习,2021(1):15-22.

3.中华人民共和国教育部.普通高中英语课程标准(实验)[S].北京:人民教育出版社,2003.

4.中华人民共和国教育部.普通高中英语课程标准[S].北京:人民教育出版社,2017:108-115.

高中英语报刊阅读教学策略探讨

一、引言

英语课程既有工具性的特征,又有人文性的特征。在第二语言学习中,阅读被公认是最稳固和最恒久的模式,是在第一语言的学习环境中学习第二语言与获取有关信息的主要途径。《普通高中英语课程标准》(2017 年版)(以下简称《课标》)明确指出:学校要将各种优质的英文报刊与教学相关的信息和资料融入英语课程资源体系中,同时,学校还应鼓励教师开发和利用英语报刊等多种资源,营造英语学习的良好氛围。

在英语教学中,教师应根据学生的年龄特点和认知能力,帮助学生逐步扩展所学文化知识的内容和范围。在学习起始阶段,教师应使学生对英语国家文化及中外文化的异同有粗略的了解。如果所涉及英语国家的文化知识与学生身边的日常生活密切相关,则有益于激发学生学习英语的兴趣。在学习的较高阶段,教师应拓展学生对外国文化的认识,帮助学生拓宽视野,提高他们对中外文化异同的敏感度和鉴别能力,从而促进跨文化交际能力。

由于教材具有纸质特征,有些文章稍显过时。为进一步拓展学生的知识面,增加阅读量,提高学生运用英语的综合能力,笔者开设了英语报刊阅读课,尝试通过英语报刊阅读提高学生的阅读能力。

二、英语报刊阅读的意义

英语报刊阅读课的开设首先有利于扩大学生的阅读面并培养学生阅读英语报刊的能力。学生通过英语报刊阅读,既开拓视野,丰富阅历,又能熟悉报刊英语的语言特点,并拓展政治、经济、科技、文学等方面的词汇。通过英语报刊阅读,学生进一步掌握英语报刊阅读方法,并熟悉英语报刊的文本特征。这些都为学生独立阅读英语报刊打下良好的基础。

其次,英语报刊阅读课有助于教师在教学中逐步渗透跨文化意识,帮助学生进一步了解英美国家历史文化、风俗习惯等,让他们学会更加全面、客观地看待西方社会及其人文历史等。

三、英语报刊阅读策略

英语报刊阅读是英语教学的一种新形式,不仅可以丰富教学资源,而且能拓宽学生的学习渠道。因此,提高英语报刊的阅读水平是提高学生英语学习效率的重要因素。

(一)阅读前

英语报刊阅读前的核心任务是为阅读做准备,有准备的阅读能提高读报效率。

首先,了解报刊英语特点。教师对报刊英语的特征和相关的知识做简要介绍,并对报纸英语的文章结构、句子结构、标题语法等进行简要阐述。读者要对报纸版数、各版面的主要内容有大概认识,然后根据教师的要求,或者依据个人喜好,有选择地阅读。

其次,积累和储备相关文化知识。英语阅读包括六方面因素:自动认字技能,词汇与语言结构知识,语篇结构知识,社会与文化背景知识,分析、综合与评价技能与策略,元认知知识与技能。这六种知识技能与策略既有明确分工又相互关联、相互协作。比如阅读能力与文化素养关系密切:英语阅读是一种跨文化交际,学生面对的读物是用他不熟悉的语言写的,而该语言又与他不熟悉的文化微妙地联系在一起。要真正理解读物内容,提高阅读速度和准确性,学生就要尽量多懂一些英语国家的风土人情、社会习俗与礼仪、政治宗教、生活经验及科普知识等。

(二)阅读中

1.掌握英语报刊阅读的主要方法,提高阅读效率

在这个信息繁杂的时代,阅读是人们获取信息最常用的手段。报刊阅读能进一步培养学生在短时间内获取准确信息的能力。一份英文报纸少则10

至 20 版,多则数百版,快速查找、定位信息是很重要的能力。快速阅读要求学生迅速把握主旨,锁定信息,完成具体的阅读任务。笔者要求学生在快速阅读中,迅速定位当天的报道重点或个人感兴趣的新闻和文章。快速阅读训练可以帮助学生克服逐字逐句阅读的坏习惯。跳读和寻读是最常用的快读技巧。

"跳读",顾名思义就是跳跃性的快读。它是快速浏览的阅读方式,是获取主旨大意的重要快读手段。读者不需要细读全文,只需要读关键词、关键句,其目的是了解文章的大意、主题句或作者写作的意图。跳读又分为段落跳读和句子跳读,这就要求学生有选择地进行跳跃式阅读,通常重点关注文章的首段、末段以及每个段落的首句。一般要求在浏览一篇文章后,回答一些与文本整体理解相关的问题。跳读方式有助于培养学生快速抓住主旨大意的能力,提高学生的快速选择能力。

寻读是寻找特定信息的过程,要求阅读者用眼快速扫视,迅速锁定文章相关细节,比如时间、地点、数字、专有名词等重要文本信息。在寻读训练开始前,教师要求学生先看问题,然后进行有针对性的阅读,以培养学生迅速定位信息的能力。在英语测试中,寻读技能的运用同样是至关重要的,特别是在应用文阅读中尤其如此。

在快速阅读中,跳读和寻读缺一不可。前者注重整体,后者关注细节,对于不同的阅读任务,两种技巧应用比重不同。在快读课堂实践中,教师应该逐步提高快读要求,促使学生熟练掌握两种技巧,能在快读过程中将两者融会贯通,做到速度、精度两不误(邬晓丽,2014)。

2.利用报刊英语文本特征,提高阅读效率

报刊文本特征包括字号、字体、图表、颜色等。作为阅读的辅助手段,文本特征有助于学生更有效地处理阅读信息,从而提高阅读速度,增强阅读效果。不同于第一语言,只有通过大量练习,学生才能在第二语言阅读中形成自觉辨认文本特征的意识。因此,教师在教学中应有意识地引导学生关注文本特征,比如有效利用英语报刊的文章标题。文章标题具有短而精的特点,能高度概括文章大意。教师可以引导学生对标题进行猜测或联想,这种做法既培养学生的概括能力,又能够提高学生读懂文章标题或归纳文章大意的能力。

(三)阅读后

1.做好读书笔记,增强阅读效果

读后活动一般侧重知识的综合和应用,需要利用阅读中获取的信息、感知的词汇和句法、认知的策略或所理解的文化。报刊阅读后,教师应培养学生养成做读书笔记的习惯。读书笔记既可以培养学生读书的习惯，也可以提高学生阅读的质量。为此，笔者设计了报刊阅读的笔记的格式。笔记内容主要包括(见图 2-1)：第一，积累单词和表达方式。第二，摘抄美句。摘抄精彩的词句、片段、格言或警句等，为后续的语言运用积累素材。第三，归纳或反思。教师要求学生写出文章的主题、框架或故事轮廓，培养学生的概括能力；也可写个人体会，分析文章的思想内容、人物形象和语言特点，从而提高学生的认识能力和鉴赏能力；亦可进行故事续写，提高学生的语篇分析能力以及想象能力。

Excerpt from 21st Century Teens

Date______ Title ______________________________

Ⅰ. Words

1.____________________ 2.____________________

3.____________________ 4.____________________

5.____________________ 6.____________________

7.____________________ 8.____________________

Ⅱ. Phrases

1.____________________ 2.____________________

3.____________________ 4.____________________

5.____________________ 6.____________________

Ⅲ. Sentences

1. ____

____

2. ____

Ⅳ.Summary/Reflection

图 2-1　读书笔记

通过读报刊文摘，学生慢慢地进行语言知识的积累，学习的兴趣也会越来越浓厚。教师通过鼓励表扬学生，不断提升学生的学习积极性，让学生在学习过程中逐渐做到“学以致用”。

2.掌握使用字典的正确时机，增强阅读效果

在英语报刊阅读过程中，一旦遇到生词就停下来查词典、找释义，这必将使阅读过程变得断断续续，导致学生无法理顺文章的内部逻辑关系，无法全面地领会和把握文章的主旨大意。因此，掌握正确的使用字典的时机以增强阅读效果是值得师生共同关注的问题。教师应首先引导学生将注意力集中于文本意义的理解，有选择地对部分关键词和语段进行信息处理，而不是对文本逐词加以辨认。

其次,在不影响理解的前提下,教师要鼓励学生跳过生僻词,先完成文章阅读,然后再进行生词处理。如果这个生词属于高频词,学生通过全文阅读,可以猜出单词的大意。或者,借助社会文化知识、分析与综合技能等,学生根据上下文进行词义猜测。

最后,《课标》对词汇知识方面的要求描述为:学生应借助词典等各种资源,理解语篇中关键词的词义和功能以及所传递的意图和态度等。在日常教学中,教师应有意地培养学生使用英语词典的意识,这有益于提高学生自我解决问题的能力。对于某些影响学生准确理解文章的生词,学生通过查字典不仅可以准确了解词义,学到更多丰富地道的表达,而且还能更加全面地掌握单词的各种搭配。

四、开设报刊阅读课的收获与反思

《课标》要求教师要合理利用和积极开发课程资源,给学生提供贴近实际、贴近生活、贴近时代的内容健康丰富的课程资源,拓展学习和运用英语的渠道。英语报刊阅读调动了学生的学习积极性,拓宽了学生的视野,提高了学生的阅读水平。在通读报刊、精选文章与精心设计任务的过程中,教师既增长了知识,练就了能力,同时也提升了自己,真正达到教学相长的目的。英语学习是一个长期的过程,阅读能力的提高也不是一蹴而就的。应鼓励持久的阅读,以提高阅读的流畅度,增强信心,以及提高对阅读材料的欣赏力(王笃勤,2019)。在英语教学中,教师可以创造性地选择和运用英语报刊阅读;此外,教师要鼓励学生通过广播、电视、电影等其他途径进行广泛阅读,以丰富课外知识,培养自主学习能力,提高思维品质。这要求教师要有坚持不懈的毅力,要有不怕挫折的勇气,与学生在英语报刊阅读教学中共同成长。

参考文献

1.教育部《基础教育课程》编辑部.中学新课标资源库:英语卷[M].北京:北京工业大学出版社,2004:32-33.

2.菲尔德.文本特征与阅读理解[M].郑旺全,注.北京:人民教育出版社,2007:25.

3.王笃勤.英语阅读教学[M].北京:外语教学与研究出版社,2019:71-73.

4.邬晓丽.高校英语快速阅读能力培养初探[J].安徽文学(下半月),2014(12):131-133.

5.中华人民共和国教育部.普通高中英语课程标准[M].北京:人民教育出版社,2017:108-115.

第三章

教育信息化

教育信息化背景下英语"线上线下"教学实质等效研究

一、引言

随着信息技术的飞速发展以及资源共享时代的到来,智慧教室逐渐普及,这极大地改变了英语教学环境。《国家教育事业发展"十三五"规划》指出,要全力推动信息技术与教育教学深度融合,鼓励教师利用信息技术提升教学水平,形成线上线下有机结合的网络化泛在学习新模式。教育部发布的《普通高中英语课程标准(2017年版2020年修订)》也明确指出,教师要学习和利用网络提供的实时、个性化学习资源,为学生搭建自主学习的平台,帮助学生拓宽学习渠道,深化信息技术与英语课程的融合,科学组织和开展线上线下混合式教学,以提高英语学习的效率。

线上教学融入英语教学中是切实可行的,既能够优化学生自主学习体验,也契合学生学习诉求。线上教学是将教学活动数字化,并通过互联网技术进行传播的教学模式。大规模在线教学对广大教师群体教育教学理念的启蒙效果显著,但想要做到"实质等效",尤其需要体制机制的配合和支持。如何保证在线学习与线下课堂教学实质等效,是一个亟待解决的问题(于歆杰,2020)。"实质等效"这一提法早已有之,随着在线教学的深入开展,实质等效的含义有了进一步延伸。"实质等效",即是通过一系列方法与策略,使某对象或事物与原对象或事物达到本质上相同的属性特征。对照英语学科,实质等效要求在教学中,以学生为中心进行教学设计,关注学生的学习过程与学习效果(胡妍妍,2021)。

线上教学对教师的信息素养和信息化教学能力提出了新要求和新挑战。要让中小学教师肩负起运用技术创新育人的新使命,必须不断更新教师信息化教学能力发展的内容。鉴于此,针对英语学科应用性的特点,如何做到线上线下教学实质等效是最重要的问题。针对英语在线教学的特殊性,教师应以提升学生的英语学习成效为中心和出发点,不断拓宽英语线上教学与线下教学实质等效的实践探索。

二、英语线上线下教学实质等效实践探索

"互联网+"时代,信息技术为各领域的发展赋予了新的时代内涵。教育作为向社会输送高质量人才的重要载体,跟随社会发展走在时代前沿,依托教学改革不断彰显出现代教育的特征。通过师生访谈与问卷调查,笔者发现在英语"线上线下"教学实质等效方面普遍存在的问题:一是教学环境,线上教学中师生缺失真实课堂,同时学生居家学习缺少有效的管理监督;二是教学体验,与线下教学相比,线上教学缺少真实课堂的师生交流,教学活动较为单一,未能达成有效教学;三是教学反馈,线上教学中,教师未能通过面对面授课第一时间获取学习反馈,从而进行适当的教学调整;四是教学条件,由于教学资源配置不均衡,偏远地区学生的网络资源短缺。在教育信息化 2.0 背景下,教师适时总结经验,进行反思和研究,可以更好地解决英语线上与线下教学实质等效方面所存在的问题。

(一)优化英语线上教学过程,提高教学质量

线上教学使得教师的教学方式发生转变。

首先,线上教学课程复播利于教师进行教学反思。教师通过复播回看,更能关注到授课内容是否准确清楚、教学环节是否流畅、师生互动是否合理、语言表达是否流畅等问题。复播能让教师更全面、客观地观察自己的课堂状况,分析自身教学行为,找出授课过程中存在的问题,既看到优点,也看到不足,从而在未来的教学中进行有效的调整和改进。线上教学的优点是学生不受时空限制,能够随时复播课程。线上教学使课堂无限延伸,这一优势打破了传统课堂在时间和空间上的限制,使学生外语学习的时间无限延长和更加灵活(束定芳,庄智象,2019)。

其次,创设综合性语言实践活动。教师采取多种检测方法避免过于单一的线上教学活动。例如:线上英语单词听写,全员参与实时互动,简单易行;英语语法在线测试,利用平台提供检测工具考查学生语法知识掌握情况;英语听力在线测试,教师根据正答率进行及时有效的讲评,操作性极强。除此之外,

运用在线课堂问题设置互动模式,让问题推动课堂进程,激发学生思维,提高学生参与意识,实现高效互动。通过贯穿始终的多样在线教学活动,教师可及时准确了解学生听力、单词、语法等学习情况,学生也能了解自己以及同伴的学习情况,达到实时自评与互评。

再者,线上教学是线下教学的延续与拓展。例如:教师利用学习数据做信息分析,从而有针对性地进行线上辅导答疑。学生上传英语习作,教师实时同步线上点评,课堂互动操作快捷方便,真实高效。通过平台,教师进行英语教学研讨,了解学生的听课情况,灵活及时调整教学。通过线上教学,形成师生、生生、师师教学互动模式。

最后,利用数据收集反思教学。教师通过数据分析学生做题情况,调整教学内容和教学方法,学生根据学习情况与吸收理解能力调整学习进度,个性化地管理学习,实现教、学、评一体化。这些方法的采用有助于学生更好地完成英语课业,有助于教师更好地进行线上课堂教学和教学效果监测。对于个别自觉性不是太强的学生,教师可在网络平台及时了解情况,反馈问题,提醒督促,通过教师、家长、学生三方合力来共同解决问题。

(二)细化线上检测评价方法,强化英语教学成效

相对于传统教学,作业检查与批改是线上教学面临的大挑战。线上教学中,教师设置"英语作业提交—作业完成情况—呈现答题情况"的方法,一方面给学生造成适度紧迫感,激发潜能,提高效率;另一方面以此来观察学生是否科学合理地安排学习时间,检测学生的学习诚信度。学生是否能够主动有效地参加英语学习活动,教师在学生开展学习活动的过程中是否能够起到积极有效的辅助作用,这些都离不开活动的过程性评价。

科学的检测评价方法有利于实现线上线下教学"实质等效"。在线上教学过程中,教师评价和学生评价相结合。通过开展学生自评调动学生的内驱动力,启发学生认识自我,发现自我,改进自我。教师有目的、有计划地对学生进行指导,让学生制定整体学习计划表、学科学习时间表,科学管理时间,落实具体学习内容。要求学生进行自评,家长辅评;进一步密切家校合作,引导家长有效配合指导学生开展线上学习,家校协作形成合力(见表3-1)。

表 3-1 英语学习完成情况评价表

姓名_____ 日期_____

学习内容	自评	教师评价	家长评价
单词背诵			
单元学案			
课前预习			
……			

(三)利用线上回放再构知识,促进个体发展

在教学过程中,教师应该为学生提供多种多样的学习形式,供其选择或实践。学生没有必要采取同样的方式来学习不同的内容(阿克夫,格林伯格,2015)。线上教学带来实体学习的时空变化,直接影响教的方式,因此学生需寻求更合适的方法进行线下学习。如何为自己创造更好的学习环境、如何在没有同伴的情况下听课、如何调整身心以适应线下相对单调枯燥的学习、如何规划学习时间等都是值得深入思考的问题。

在以学习为中心、以任务为基础的现代教育理念下,学生是英语学习的主体。教师应更新观念,充分发挥学生的主观能动性,体现主体性原则。回放功能对于学生的个体学习是极其有益的,学生根据自己的接受能力与理解程度调节课程速度的快慢,也可以对课程重、难点知识进行二次学习,这种建立于不同个体情况上的灵活控制在传统课堂讲授中是难以想象的(乔·哈伯,2015)。例如:学生如果掌握某知识点,他们就可以直接跳过这部分授课内容;而有些学生可能会对相同内容感到吃力,则可以选择回看这部分知识讲解。此外,若学生因某些特殊原因错过直播课,则可通过回放以及时补上缺漏的功课,这些都有益于学生自主进行二次学习。回放功能给予学生更多的自主学习时间,使学生真正成为英语学习主体。

(四)丰富线上教学模式,助力英语教学

为提升线上教学效果,根据课型特点及学生实际,采用录播课、"直播授课+在线互动"、"微课+在线教学平台+QQ 群"等多种形式开展英语线上教学,不断丰富线上教学新模式,例如以教师讲授为主的主导型模式、以学生探究为主的建构型模式、师生共同探究的混合型模式,不同类型的线上教学模式为教师提供更多选择空间。对于教、研双肩挑的教师可以通过制作系列课件,

减轻教学压力;对于教学能力相对较弱的教师,可以通过选用优秀的微课弥补教学中存在的不足。比如:双师课堂由线上教师和线下教师、线下学生共同完成,由教育资源丰富的学校的优秀教师担任线上教师,教育资源匮乏的农村地区普通教师担任线下教师。通过线上、线下教学融合共同完成教学任务,既实现教育资源配置的合理化,又能应对重大公共事件。

为应对疫情、特殊气候等突发情况,教育部推出国家中小学网络云平台,使教师在家也能进行线上教学,帮助中小学生居家学习,做到"停课不停学"。教师应当充分利用线上教学的优势,让其更灵活安全、方便快捷、多角度地服务英语教学。

(五)实现线上优秀资源共享,服务英语教学

传统教学主要由学校或教师为学生提供课程资源,而线上教学的课程资源更为多元。教师应当充分利用各种网络英语学习资源助力线上教学,并注重以下能力的提升:首先是甄别资源能力。教师应该选择国家级或省级优秀平台、网上优秀讲座和课程等。同时,鼓励教师开发和应用个性化教学资源以符合校情和学情,实现足不出户即能共享优良资源与优秀师资。其次是整合资源能力。教师可以根据适切度、匹配度和实用性,结合单元主题,选用适合学生的材料,做到去粗存精。面向较为复杂的学生群体时,尽量兼顾各方需求,做到教师给人所需,学生取己所求。

三、结束语

在教育信息化背景下,未来线上、线下教学应当是相辅相成、交融共生的,传统教师角色和职责也应与时俱进。通过线上教学演练,教师们较好掌握了线上授课的方法,不仅利用线上课堂活动向学生传授知识,还善于调动学生的学习兴趣与热情;学生的自主分析与解决实际问题的能力得到培养,主动学习意识和探索精神得到加强;家长更积极主动参与到学习中来,形成家校合力。协同开展跨校、跨区域教学科研将成为新常态,这为师生提供更优质的学习机会,也为师资条件相对薄弱的地区和学校提供有利教科研条件。逐步实现线上线下教学实质等效将有效推动和改进英语教学,有益于提高农村地区英语教学质量,促进城乡教育资源的均衡。

参考文献

1.阿克夫,格林伯格.翻转式学习:21世纪学习的革命[M].杨彩霞,译.北京:中国人民大学出版社,2015:18-19.

2.哈伯.慕课:人人可以上大学[M].刘春园,译.北京:中国人民大学出版社,2015:68-69.

3.程巍,赵俊强.信息化视角下的智慧教育发展思路:评《智慧教育:物联网之教育应用》[J].中国教育学刊,2021(6):143.

4.葛玉敏,于歆杰.疫情下在线教学与线下课堂的"实质等效"探索[J].现代教育技术,2020,30(10):124-126.

5.关睿.新冠肺炎疫情下网络教学方式的探索与实践:以本科"中级西班牙语"课程为例[J].科教文汇(上旬刊),2020(6):181-182,188.

6.胡妍妍.基于"实质等效"理论促进线上音乐教学行为优化的基本路径[J].中国音乐教育,2021(2):23-27.

7.梅德明,王蔷.《普通高中英语课程标准(2017年版2020年修订)》解读[M].北京:高等教育出版社.2020.

8.束定芳,庄智象.理论、实践与方法:修订版[M].上海:上海外语教育出版社,2019:228-229.

9.于歆杰.初谈在线学习的实质等效[J].中国大学教学,2020(4):36-38.

10.原弘,李武客,王俊,等.物理化学线上教学的实践与思考[J].大学化学,2021,36(4):53-58.

11.张薇.大学语文线上线下混合式教学研究[J].广西民族师范学院学报,2020,37(2):153-156.

12.中华人民共和国教育部.普通高中英语课程标准[M].北京:人民教育出版社,2020.

13.周方苗,何向阳.以双师课堂实现优质教师资源共享的实践研究[J].中国教育信息化,2020(5):45-49.

信息技术与高中英语课程
整合的实践与体会

一、引言

随着我国教育教学改革的不断深入,对大纲、教材的不断改进和完善,我国中小学英语教学已步入健康发展之路。《普通高中英语课程标准(实验)》对语言技能、语言知识、情感态度、学习策略和文化意识等五个方面分别提出要求,这就要求教师在课堂教学中不仅要合理、有效地使用教材,还要充分利用其他课程资源,如广播影视节目、录音录像、直观教育实物、多媒体光盘等多种网络资源。这些资源最佳运用的形式就是将信息技术与英语课堂教学相结合。教学活动是借助于一定的手段工具展开的,教学活动的具体过程、组织方式以及质量效益等都和教学活动中使用的工具密切相关。现代多媒体技术的运用使英语教学得到更大发展,日趋完善。

21世纪是信息化时代,如何适应知识经济的需求,培养出具有实践能力和创新能力的人才,是每个教育工作者必须认真思考的问题。

为此,教师首先应转变观念,树立现代化的教育理念。在科学技术飞速发展的今天,计算机和英语是两大基础学科,也是两大工具学科。计算机应用离不开英语,英语教学也离不开计算机的应用,二者的整合,可以相辅相成,收到更好的教学效果。

其次,优化课堂教学,调动学生学习兴趣。对学生而言,兴趣直接影响学习效果。在英语教学中,教师可以借助计算机、投影仪等先进的多媒体手段,向学生展示图形、文字、声音、影像相结合的丰富多彩的教学内容,以此增大课堂容量,优化课堂教学。这有利于为学生创设一种主动发现、主动探索、主动交流的交互式学习环境,达到最优的教学效果。因此,本文探究信息技术与高中英语课程整合教学的优势,以及实施过程中需要关注的问题。

二、设计丰富的任务，以培养学生的探究能力

在信息技术与英语课程整合课中，教师是学习活动的设计者，学生是活动的执行者，课堂上学生活动占据整节课的 4/5。以《"The Olympic Games"的整合课教学》为例，笔者设计导入新课、知识测试、分配任务、呈交报告、个人测评、教师总结等六个学习环节。其具体做法是运用 WebQuest 网络主题探究模式，即教师首先制作一组 WebQuest 网页，上传到学校网站，学生进入学校网站，根据任务安排，就可以在 WebQuest 引导下进行自主探究学习。WebQuest 的主要栏目见表 3-2。

表 3-2　WebQuest 栏目介绍

栏目	功能
Text 部分	本页面内容为"The Olympic Games"的课文内容。
Quiz 部分	设计奥运会知识问卷调查，以检测学生对奥运会的了解程度。
Picture 部分	介绍国内外优秀运动员的赛场风采，让学生进一步熟悉运动项目，以此激发学生对运动的热爱。
Task 部分	设计阅读任务及任务目标；学生通过阅读思考、讨论合作，最后完成任务汇报。
Background 部分	介绍奥运会的历史，比如奥运会举办时间、举办地点及相关单词，以扩大学生知识面。
Beijing 2008	通过本页面链接 2008 年北京奥运会官方英文网站，让学生对北京奥运会有直观、形象的了解。
Source 部分	提供丰富的网上学习资源，从多种角度激发学生的阅读兴趣。

笔者从调动兴趣、任务安排、资源索引、成果评价、活动总结等方面进行任务安排。学生通过教师提供的相关网址和搜索引擎查找资料，以完成任务。任务型教学以具体任务为载体，以完成任务为动力，把知识和技能融为一体，通过听、说、读、写等活动，用所学语言去做事，在做事的过程中发展和运用所学的语言。任务型教学过程中，教师是引导者，学生是活动执行者，是活动的主体。任务型教学在英语课堂教学中分为任务准备阶段（pre-task）、任务执行阶段（while-task）、任务输出阶段（post-task）。

(一)任务准备阶段

教师为学生创设良好的阅读情境,设计合理适切的阅读任务。

1.Lead-in

(Teacher：Hello，boys and girls. Let's enjoy 40 minutes together. As we know，the 2008 Summer Olympic Games will be held in Beijing in five years' time. We're all very excited and looking forward to the coming of the Beijing Olympic Games because this will be the first time for us to hold the Olympic Games. Today we'll deal with this interesting topic—the Olympic Games.)

2.Quiz about the Olympic Games

(Teacher：Now，let's have a quiz to see who knows the most about the Olympic Games. Nine questions together. You can check the answers by yourselves. When you finish these questions，please put up your hands. Now let's begin.)

3.Understanding the text

Task 1：What's the name of this Olympic theme song?

What things come into your mind when you hear the Olympic song?

(Teacher：Let's enjoy the song—"Hand in Hand" together. It was written for the 24th Olympic Games. After that，this song became more and more popular. You can use simple words to express yourselves.)

Task 2：Look at the pictures and talk something about sports.

Share your feelings with us.

(Teacher：The Olympic Games have a long history and have become the most popular game in the world. Let's know more about the Olympic Games.)

(二)任务执行阶段

学生在教师的指导下自然地、有意义地运用语言完成任务。

Write a report based on four tasks on the Internet.(Group work)

表 3-3　**Four Tasks**

Tasks	Topics
Task 1	Introduction of the Olympic rings
Task 2	History of the Olympic Games
Task 3	Effects on the host city
Task 4	Preparation for the 2008 Beijing Olympic Games

(Teacher: Fifteen minutes for you to prepare. You can choose the topic that you're interested in. Then write a report and present it to your classmates. Please search for the information from "Background" and "Beijing 2008". "Background" has some articles for you. For "Beijing 2008", you can learn Beijing from so many aspects. If you want to know more information, you can click "Source". Let's begin.)

(三)任务输出阶段

学生在教师的引导下,运用所获得的知识和技能完成任务。教师对任务的完成进行评价,比如任务的完成度或提醒学生注意语言表达(语速、语气词)等。

1.Present your report to your classmates.

(1)Let's come to Task 1: Introduction of the Olympic rings.

(Teacher:Answer the following questions based on the first report.)

Question 1: Please list the colors of the Olympic rings.

Question 2: What do these colors stand for?

Question 3: What meaning do the Olympic rings convey?

(2)Let's come to Task 2: History of the Olympic Games.

(Stadents:In 776 BC, the Olympic Games started in Greece, the home of the Greek God Zens. This custom lasted for about 1 170 years, but stopped with the rulers of Rome in 394 AD. In order to renew the spirit and thought, a Frenchman Cowbertin managed to start the games again. So the first Olympic Games in modern times were held in 1896. Since then, the Olympic Games have grown steadily with more and more nations and athletes taking part in.

(3)Let's come to Task 3: Effects on the host city.

（Teacher：Hosting the Olympic Games is a great honor and a great re-sponsibility. Being the host of the Olympic Games will have good and bad effects on Beijing as the host city. Please present the report.）

Question 1：What are good effects of the Olympic Games on Beijing?

Question 2：What about bad effects?

（Teacher：Answer the questions based on the report.）

（4）Let's come to Task 4：Preparation for the 2008 Beijing Olympic Games.

2. Summary

3. Homework

（1）Search the Internet for more information about the 2008 Beijing Olympic Games.

（2）Polish your report.

（3）Share what you've learnt today with your friends.

任务型教学培养学生获取信息、分析问题和解决问题的能力。在网络探究过程中,学生普遍感到网络学习资源非常丰富,利用信息技术完成任务的过程及课后进一步上网搜索与北京奥运会相关信息的作业不仅充分发挥了学生的主动性和创造性,而且有助于培养学生的信息技术意识和研究能力,进而促进学生信息技术能力的提高。

三、网络环境教学对师生提出新要求

随着互联网时代的到来,基础教育手段发生了革命性变化。网络环境下的英语教学对教师有着更高的要求。英语教师是英语教学的组织者,教学质量的优劣在某种程度上依赖于教师的规划能力。因此,教师要具备开拓创新的工作热情,并具有较高的信息素养。与此同时,信息技术与英语课程整合教学要求学生在有限的时间内运用计算机快速查找到所需材料并完成设定任务,这无疑对学生的计算机运用能力形成挑战。完成任务的过程有益于培养学生的观察、记忆、操作和分析解决问题的能力,这些能力的培养有助于发展学生的抽象思维,有利于优化学生的思维品质,培养学生的创造性思维。

四、英语整合教学应关注的问题

现今,各个学科都在努力实现与信息技术的整合,以达到最佳教学效果。仅仅以教科书作为媒介显然是不够的。但是,网络环境下的英语教学仍是一个全新课题,目前还没有成熟的教学模式。在信息技术与英语课程整合教学的过程中,不可避免地存在着一些问题。首先,制作复杂,耗时耗力。在整合教学的准备过程中,笔者因计算机操作不熟练,加之网页设计和制作过程过于烦琐,需要计算机老师帮忙完成整体的网页设计,准备前期投入了大量的时间和精力。其次,学生的自主管理意识不强,自制力较差的学生容易失控。笔者在授课过程中发现有些学生随意上网浏览,所查询内容与课堂教学任务并无关联。最后,在信息技术与英语课程整合教学中,师生间的互动交流不如面对面传统教学来得直接,减少了师生间的有效互动。

信息技术与高中英语课程整合教学过程应做到以学为主、以用为主、以互动的方式把计算机作为教与学的工具,有机地融合到教与学活动中去,真正实现教学方式、学习方式的变革。在教学中,教师要正确处理知识传授与能力培养的关系,引导学生质疑、调查、探究,注重培养学生的独立性和自主性。在教师指导下,学生积极主动进行个性化学习,以此培养学生的团队合作、资源共享的精神。

信息技术与高中英语课程整合有其独特的优势。然而,由于整合课程过于强调设定任务的完成,在某种程度上弱化了基础知识的学习。面对高考,教师不仅要重视学生英语语言能力的培养,也要重视学生英语基础知识的学习。教师要平衡好两者关系,否则在社会、家长与学生的多重压力之下,网络教学难免中途夭折。因此,需要教师更新教学理念,不断提升信息技术,学会共享资源、共同协作,同时还需要多媒体技术运用能够实现普及。否则难免会出现令人尴尬的场面:整合课只不过是偶尔为之的一道"特色菜肴",并不能成为"家常便饭"。

参考文献

1.何克抗."互联网＋教育"是否颠覆与重构了传统教育[J].中国教育科学(中英文),2019,2(4):3-8.

2.贾冠杰.英语教学基础理论[M].上海:上海外语教育出版社,2019.

3.中华人民共和国教育部.《普通高中英语课程标准(实验)》解读[M].北京:人民教育出版社,2003:54-57.

信息技术在高中英语教学中的运用与反思

一、研究背景

曾经,一篇名为《"裸课"时代来了,老师您准备好了吗》的文章被反复刷屏,引发广泛关注。何为"裸课"?"裸课"就是一师,一板,一粉笔,带领一群学生上课,仅此而已,别无他物。这不禁让笔者想到《口技》一文描述"口技人坐屏障中,一桌,一椅,一扇,一抚尺而已"。这种说法的提出跟教学中信息技术手段的过度使用不无关联,跟中国式赛课更有密切关系。但在信息技术发展过程中,把信息技术融入英语教学中是必需的。如何实现两者融合是问题的关键,如何实现两者无缝对接则是艺术。

为全面提升中小学教师的信息技术应用能力,促进信息技术与教育教学深度融合,2014年国家出台的《中小学教师信息技术应用能力标准(试行)》明确指出,信息技术应用能力是信息化社会教师必备的专业能力,并且中小学要推动教师在教育教学和日常工作中主动应用信息技术。在此精神的指导下,国家、省、市、各校都在开展与信息技术有关的活动。比如:中央电教馆开展"一师一优课,一课一名师"活动,中小学教师进行网络空间创建活动,教师参与微课制作培训和信息化能力提升工程全员网络研修课程等。

二、信息技术与英语课程整合过程中存在的问题

十几年前,教师使用多媒体教学还是罕见的。但时至今日,随着信息技术的飞速发展,计算机应用日益普及,已经成为人们工作、生活与学习的必备工

具。信息技术与语言教学的融合给语言教学带来了极大的便利性。教学的某些方面,比如听力教学在很大程度上依赖信息技术来实现。信息技术与英语课程整合过程中存在以下问题。

(一)过度依赖多媒体

教师必须明确多媒体课件只是教学的辅助手段。有的教师把教材整段文字和图片搬到多媒体课件,在授课过程中只是"照本宣科",结果教师被固定在讲台,教师灵动的手成为"鼠标手",教师变成了放映员。

(二)降低学生注意力

有些课件制作太过花哨,不但不能达到教学目的,反而分散学生的课堂注意力,出现"喧宾夺主"的现象。

(三)思考浅层化

多媒体技术运用相对增大课堂容量,但是"课堂容量大"并非单纯课件的叠加,庞杂资源容易掩盖学生的分析思考过程。学生好比容器,只懂得装进东西,却不知道如何过滤,也就谈不上主动、深层次的思考。

(四)减少课堂交流

有些课堂出现"零板书"现象,即课件完全代替板书。在某种程度上,这减少了师生之间的互动。课件的内容具有预设性,而板书是课堂生成的有效载体,两者具有互补性。一说一写,一停一思,在这一笔一画之间,师生同步思考。板书就如行走的风景,师生碰撞出思维的火花,妙不可言。

三、信息技术与高中英语课堂教学整合的理论依据和目标

(一)理论依据

教学活动是借助于一定的手段工具展开的。教学活动的具体过程、组织方式以及质量效益等都和教学活动中使用的工具密切相关。《普通高中英语课程标准》指出,现代信息技术为英语教学提供了多模态的手段、平台和空间,

促进了英语教学理念、教学方式与学习方式的变革。教师要积极关注现代信息技术在英语教学应用领域中的发展和进步,帮助学生拓宽学习渠道,深化信息技术与英语课程的融合,提高英语学习效率。

(二)整合目标

信息技术与课程整合强调要利用信息技术来营造一种新型的教学环境,该环境应能支持情境创设、启发思考、信息获取、资源共享、多重交互、自主探究、协作学习等多方面要求的教学方式与学习方式,实现既能发挥教师主导作用又能充分体现学生主体地位的以"自主、合作、探究"为特征的教与学。这样就可以把学生的主动性、积极性、创造性较充分地发挥出来,使传统的以教师为中心的课堂教学结构发生根本性变革。

四、信息技术与高中英语课堂教学整合的优势

与传统的英语授课方式相比,信息技术运用于英语课堂教学中有其得天独厚的优势,主要有以下两个方面。

(一)有利于师生角色的转变

尽管业务能力、理论水平、人格魅力、情感态度等这些传统意义上评价教师的标准仍然很重要,但信息技术下的教学对教师有着更高的要求。信息技术环境下进行教学的组织者是教师,教学效果的好坏一定程度上取决于教师的策划能力。

教师不仅是知识的传授者,也是学习目标的引导者、活动的设计者,更是资源的设计者、整合者。师生关系是平等民主的合作伙伴关系,既不是以教师为中心,也不是以学生为中心,而是以学习为中心。学生是学习活动的主体,教师需要为学生提供丰富的学习资源,设计合理的、激励性任务,同时给予积极的、恰如其分的建议及评价。

教学活动设计直接影响学生的学习效果。因此,在英语教学中,教师借助先进的信息技术,通过课前精心准备,向学生展示多元化的教学,从而激发学生学习兴趣、增大课堂容量,优化英语课堂教学,这有利于为学生创设主动发现、主动探索、主动交流的学习环境,进而发挥学生的主动性和创造性,提高学生提出问题、分析问题和解决问题的能力,从而改善课堂教学效果。

(二)有利于教师专业化成长

英国语言学家柯里福曾说过,"科技不能取代教师,但是使用科技的教师却会取代不使用科技的教师"。教师将信息技术运用于英语教学之中,不是一个单纯的信息技术问题,而是教师教育素养、英语学科素养和信息素养整合应用的过程,最终目标是实现学生学习方式和教师教学方式的根本改变。教师应在利用传统的教学手段和教学资源的同时,发挥现代教育技术对教与学的支持和服务功能,引导学生开展主动、个性化的探究活动,实现深度学习。教师借助网络资源备课,提升信息技术能力,促进教师专业化成长。

网络资源极其丰富,准确快速提取信息既是对教师的基本能力要求,同时也是对教师的挑战。对于教师,既要有拿来主义的想法,也要有一双能雾里看花的慧眼。教师应立足于文本,要有"用教材教,而不是教教材"的新课程理念。教师必须掌握分析和处理教材的方法——如何增补、删除、调整和替代。教师要秉持一种精神:纵有万千信息,只取我所需,为我所用。只有明确的目标,教师才能做到合理科学使用网络资源,将其转换为课程资源。

五、结束语

信息技术与高中英语课堂教学的融合,弥补了传统英语教学的不足,既有利于将抽象的事物直观化、可视化,这使得课堂教学更加直观、更加生动活泼,从而提高学生对英语学习的兴趣,又有利于节省课堂板书时间,扩大课堂容量,提高课堂效率。在融合过程中,师生不仅实现资源共享,还分享体会、交流思想;以互动的方式把信息技术作为教与学的工具,学生可以利用信息技术提高英语学习水平,真正实现英语教学方式、学习方式的变革。

参考文献

1.何克抗.信息技术与课程深层次整合的理论与方法[J].中国信息界,2006(4):47-56.

2.中华人民共和国教育部办公厅.中小学教师信息技术应用能力标准(试行)[S].http://www.moe.gov.cn/srcsite/A10/s6991/201405/t20140528_170123.html.2014.

3.中华人民共和国教育部.普通高中英语课程标准(2017年版2020年修订)[S].北京:人民教育出版社,2020.

停课不停学，学教永在线

——以漳州一中高二英语备课组线上教学为例

一、引言

　　由于新冠肺炎疫情影响，为有效防控疫情，教育部做出了 2020 年春季学期延期开学的决定，并于 2 月 12 日印发《关于中小学延期开学期间"停课不停学"有关工作安排的通知》。虽然身处信息与资源共享的时代，智慧教室也越来越多地走进校园，但对于大多数教师而言，并没有太多线上授课经验或者是零经验。线上的互动交流，线下的辅导答疑、作业检测等如何保质保量完成，这些问题引起师生焦虑和困惑。

　　针对英语学科特点，本文以疫情防控期间漳州一中高二英语备课组线上教学为例，借助腾讯课堂进行英语线上教学实施前、实施中、实施后的实践及思考，为英语同行提供借鉴与参考。

二、线上教学实践

　　线上教学是将教学活动数字化，并通过互联网技术进行传播的教学模式。线上教学活动对教师的信息素养和信息化教学能力提出新要求、新挑战。学生除了具备基本信息技术操作能力，还需有更高的自主学习能力。

（一）线上教学实施前

　　学校采用腾讯课堂进行线上授课，为保证线上教学顺畅运行，教学直播前准备如下。

1.教学准备

根据年段要求,备课组依据英语学科特点,详细制定了教学进度表(见图1),包括授课时间、授课内容、授课教师和授课时长,并做好教学安排及学习计划表(见图2),为学生提供学习保障。同时,备课组为学生提供电子教材、课件、单元练习以及课文音频视频等。为保证线上教学的顺利进行,备课组制定了相应的教学应急方案。比如:针对临时教学调整,教师可以通过群公告随时随地进行事务通知,做到及时变更,通知到人。

漳州一中高二下学期英语直播课程教学进度安排表 (2.15—3.2)			
时间	授课内容	授课者	授课时长
2.15	试卷讲评(客观题:听力、阅读、完形)	陈老师	45 分钟
2.17	试卷讲评(主观题:单词、选词组、改错、语法、写作)	游老师 1	45 分钟
2.19	Unit 2 (Textbook) Words + Warming up & Reading (comprehending)	游老师 2	45 分钟
2.21	Unit 2 (Textbook) Words + Reading (language points)	卢老师	45 分钟
2.23	Unit 2 (Textbook) Learning about language & Discovering useful structures 语法填空专练(一)讲评	张老师	45 分钟
2.25	Unit 2 (Textbook) Using language 语法填空专练(二)讲评	陈老师	45 分钟
2.27	Unit 2 (Workbook) Using words and expressions 时态和语态(语法练习)	苏老师	45 分钟
2.29	Unit 2 (Workbook) Reading task+非谓语动词(语法练习)/单元 Revision	蔡老师	45 分钟
备注	授课时间: 15 日、19 日、23 日、27 日 下午 3:00—3:45　英语 17 日、21 日、25 日、29 日 上午 9:00—9:45　英语		

图 3-1　教学进度表

2.4—2.16 英语学习安排	
时间	学习内容
2.4 — 2.7	背 Unit 1 单词,读课文三遍;完成 Unit 1 学案;语法(名词、冠词);套卷 1
2.8 — 2.10	背 Unit 2 单词,读课文三遍;完成 Unit 2 学案;语法(代词、介词);套卷 2
2.13 — 2.16	背 Unit 3 单词,读课文三遍;完成 Unit 3 学案;语法(形容词、副词);套卷 3
备注	1.备课组会分期推送学案、公众号、学习网站等; 2.模拟测试时间:2.11—2.12

图 3-2　学习安排

2.技术准备

为确保线上教学顺畅进行,教师配备好适用于线上教学的电脑设备、网络等。教师通过组织模拟教学、测试教学设备、熟悉教学平台及相关工具功能的操作使用以避免直播"翻车"。比如,教师提早 10～15 分钟开启直播授课平台,检查调试教学设备。通过课前演示与学生现场交流、简单互动,及时了解设备运作情况,并根据学生反馈调整教学。为加强授课即视感,教师还可以启用画中画功能。正所谓"兵马未动,粮草先行"。

3.课堂管理

制定教师授课须知和学生上课须知(见表 3-3)。通过制定教师授课须知,规范教师的授课行为,以保障教学顺利衔接,提高课堂效率。制定学生上课须知,主要是培养学生的自律能力,做好自我监管。直播授课前,教师启动在线签到;授课中,教师采用随机点名、尾数点名、提问点名等方式防止学生迟到早退或"人机分离"。课后,教师导出直播数据,进行考勤管理,并将听课情况反馈给班主任,必要时与家长沟通,家校协同形成合力,确保线上学习质量。

表 3-4　教师授课须知和学生上课须知

漳州一中高二英语备课组师生上课须知	
教师授课须知	学生上课须知
1.请老师熟悉操作,注意授课时间,提前10~15分钟进入腾讯课堂; 2.请授课老师在下课前要求同学复习好当天功课,做好下节课预习; 3.就已学习过的内容,课上可以进行单词听写、课文默写等; 4.上、下节课老师做好授课内容沟通以保障教学顺畅进行。	1.上课时间:45 分钟 2.请做好准备,提前 5 分钟进入直播间,着装整齐,坐于书桌前,你的状态直接影响你听课的质量; 3.准备好相关学习材料,务必认真听讲,做好笔记,积极互动; 4.及时完成当天作业,按时提交。
Tomorrow is better than yesterday. That's hope.	

(二)线上教学实施中

为保证线上教学顺畅运行,线上教学实施中关注点如下。

1.丰富教学活动,助力线上教学

教师通过创设多样的教学活动和检测方式丰富线上教学活动,做到讲练结合、听读交叉。备课组老师采取多样的检测方式进行线上教学。比如:单词听写,该活动操作简单,受众面广;利用答题卡功能进行听力、语法测试,教师可以通过答题卡,设定答题时间,模拟考试,让学生现场答题,从而可以迅速检测和了解学生学习情况。根据正答率,精准定位学生的薄弱项,进行有效讲评。除以上方法,教师还可以利用腾讯课堂举手模式与学生进行现场问题互动,避免教师一言堂。

2.运用音视频资源,赋能线上教学

为激发学生的学习兴趣和求知欲,教师通过有效地运用音视频资源,以更加直观的方式展示授课内容,调动学生不同感官参与学习,从而提高学生的学习注意力,提升学习效度。再者,网上音视频资源众多而繁杂,教师要根据主题,合理选择,严把质量关,确保所选音频、视频内容积极健康,服务教学。

3.提高教师语言能力,助力线上教学

线上教学授课节奏要求更快更准,适合密集型的知识输出。与线下教学相比,线上教学中教师的面部表情和肢体语言明显减少。没有面部表情、肢体语言作为辅助表达,教师声音传导在授课过程中尤显重要。

教师的语言能力包括语音、语速、语调和节奏等方面。比如:教师语速过快,信息不利于学生接收,也不利于学生理解;教师语速过慢,不仅浪费时间,而且由于声音拖沓,学生容易上课走神。这就要求教师需要不断提升语言表达能力。

4.优化课堂时长管理,提高线上学习效率

长时间线上学习容易使学生感到疲劳。根据调查,学生网上学习注意力时长约为 30~60 分钟,30 分钟成为学生网课学习专注度的一道分水岭。换言之,授课前 30 分钟学生较能集中注意力进行听课。

(三)线上教学实施后

教师进行线上教学实施后的教学反思,为后续线上教学质量的提升提供有力的保障。

1.利用信息技术优化线上教学

直播授课结束后,教师通过 QQ 或微信与组内老师、学生对直播中存在的问题进行及时探讨。根据课后反馈,教师调整技术操作,优化线上教学。比如:用 Word 文档时,运用批注功能作为板书补充,保存并将文档发送给学生,有利于学生补充笔记和复习功课;启用 PPT 的画板功能,可以直接在 PPT 播放时现场输入文字,作为听课补充;针对授课中噪声过大,启动降噪功能等。除此,建议教师安装杀毒软件,检查清除病毒,保证电脑正常运行。同时,保持电脑桌面干净有序,避免将杂乱无章的桌面直接呈现在学生面前。

2.利用线上教学复播回看提高课堂效率

教师利用线上教学的课程复播,进行授课反思。教师可以当日回看录课,也可隔一段时间进行回看。通过回看录像,教师可以更全面、客观地观察自己的授课状况,分析教学行为,找出所存在问题,既看到优点,也看到不足,从而在后续教学中加以调整改进。复播回看注意四个"看点":第一,授课内容是否准确清楚;第二,教学环节是否流畅;第三,师生互动是否合理;第四,语言表达是否流畅。

3.落实线上教学监管,助力线上教学

相对于传统教学,线上教学的监管力度较为薄弱。为此,学校选用七天网络进行线上作业管理。

(1)线上作业管理

首先是线上作业布置。教师可利用班级 QQ 群或微信群布置作业,设置截止时间,并分时段提醒作业缴交,及时反馈作业完成情况(见图 3-3),做到及时提醒、时常督促。QQ 群作业布置操作方便,提交方式灵活多样,可以是图片、音频、视频等。

图 3-3　作业布置、作业发布与作业提交的设置

其次是线上作业批改。英语 QQ 学习群是线上教学的延续与拓展。利用 QQ 进行线上阅卷,要求学生按照要求答题,然后拍图上传。对于客观题,要求学生根据标准答案做好订正;对于作文题,教师直接阅卷给出得分,并以语音或文字形式进行针对性点评,还可以插入表情符号。表情符号的运用,让学生看到更真实、更接地气、更可爱的老师,拉近师生之间的距离。没有了面对面交流,文字传递显得尤为重要。虽无面对面交流,但也能见字如面或听音如画(见图 3-4)。

最后,线上作业落实反馈。线上作业落实反馈是线上教学的一大挑战。设置截止时间是为了提醒、督促学生,因为明确的期限会给学习者造成适度紧迫感,有利于激发潜能,提高学习效率。设定作业提交截止时间,借以观察学生的自我监控能力,包括学习计划、学习检查、学习反馈等。设置"允许逾期提交"是希望学习困难的学生可以根据自身学习情况与吸收理解能力调整学习进度,使学习具有个性化。对于逾期提交的学生,教师通过 QQ、微信留言、语音形式及时了解学生学习存在的问题,寻求解决问题的方法。对于个别自觉性不是太强的学生,教师协同班主任、家长,三方联手共同解决问题。

(2)线上教学答疑辅导

对于学生听课、作业过程中遇到的问题,教师可以通过手写拍照上传、留言或语音,也可推送相关文章或视频进行答疑。对于线上教学,教师答疑方式更加灵活多元没有时空的限制(见图3-5)。

(3)线上材料推送

教师通过 QQ 群向学生推送材料,包括授课课件、作业布置、听力材料、视频等。线上教学中,教师可以上传优秀习作,供同学们学习(见图3-6)。

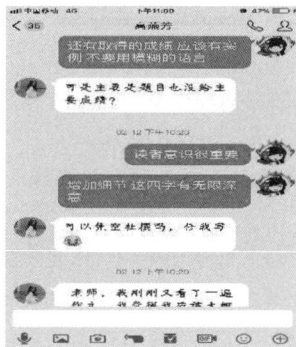

图 3-4　群公告　　　　图 3-5　线上答疑　　　　图 3-6　优秀习作

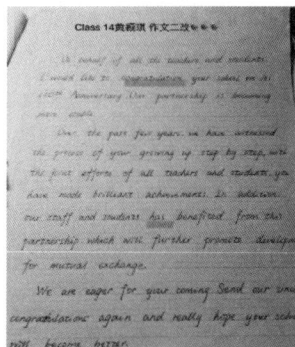

4.利用网络资源,助力线上教学

备课组老师充分利用各种网络学习资源助力线上教学。除了运用腾讯课堂进行线上直播,升学 e 网通免费为学生提供网上学习资源。面对网上海量资源,备课组结合单元主题,精选网络资源。所选材料可以是语言讲解,也可以是语法微练,作为线上教学补充。考虑到学生网络学习时间不宜过长,15分钟左右的视频作为首选;再者鉴于学生群体情况比较复杂,存在学习差异,选择时尽量兼顾各方需求。

三、结语

作为特殊时期的教学模式,在疫情得到有效控制之后,各地学生已复课返校。通过半学期的线上教学,教师们摆脱了最初各种直播"翻车"的困窘,较好掌握了线上授课的方法。利用这个时机对线上教学进行适时经验总结和反思是必要和有意义的。这次大规模线上教学演练展示了线上教学的优势,教师的信息素养和线上教学能力得到提升,学生的学习自主能力变得更强,家长参与孩子学习的意识得到提高,更多参与到学习中来,形成家校合力。未来线上、线下教学应是相辅相成,交融共生,为学生提供更多的学习机会,为未来英语教学新模式提供可能。

参考文献

1.哈伯.慕课:人人可以上大学[M].刘春园,译.北京:中国人民大学出版社,2015:68-69.

2.关睿.新冠肺炎疫情下网络教学方式的探索与实践:以本科"中级西班牙语"课程为例[J].科教文汇(上旬刊),2020(6):181-182,188.

3.西北工业大学电子信息学生会办公室.关于大学生在疫情防控期间对网课看法的调查[EB/OL].[2020-04-08].https://mp.weixin.qq.com/s/_Ihmw_NQ50f9vo7MEaiUdg.

4.原弘,李武客,王俊,等.物理化学线上教学的实践与思考[J].大学化学,2021,36(4):53-58.

5.张薇.大学语文线上线下混合式教学研究[J].广西民族师范学院学报,2020,37(2):153-156.

6.周方苗,何向阳.以双师课堂实现优质教师资源共享的实践研究[J].中国教育信息化,2020(5):45-49.

7.中华人民共和国教育部.关于在疫情防控期间做好普通高等学校在线教学组织与管理工作的指导意见[EB/OL].(2020-02-05)[2020-07-19].http://www.moe.gov.cn/jyb_xwfb/gzdt_gzdt/s5987/202002/t20200205_418131.html.

8.中华人民共和国教育部.关于中小学延期开学期间"停课不停学"有关工作安排的通知[EB/OL].(2020-02-12)[2020-07-19].http://www.moe.gov.cn/srcsite/A06/s3321/202002/t20200212_420435.html.

第二部分
教育教学实践

第四章

教学设计

基于"读思言"的高考英语读后续写解读及分析

——例谈 2021 年福建省诊断性考试读后续写

2015 年 8 月,教育部考试中心发布《普通高等学校招生全国统一考试英语科考试说明(高考综合改革试验省份试用)》(第一版),明确了考试内容和要求、考试形式与试卷结构,并提供了一份参考试卷;首次提出了写作新题型——读后续写或概要写作,两种形式在不同考次不定期交替使用。参考试卷的读后续写为记叙文,试题未提供标题。2021 年,福建省首次迎来了读后续写的考试时代。

读后续写是一种将阅读与写作紧密结合的考查形式,要求考生对所读材料进行续写,将其发展成一篇与给定材料有所衔接、情节架构自然,而且结构完整的短文(教育部考试中心,2015)。刘庆思和陈康 2016 年提出,读后续写主要考查学生以下四个方面的能力:一是把握短文关键信息和语言特点的能力。学生要了解所给短文的主要内容,清楚其关键词和语言结构的使用情况,并通过续写短文表现出来。二是语言运用的准确性和丰富性。学生能准确、恰当地使用所学词汇和语言结构,并能够根据内容需要使用较多、较复杂的词汇和语言结构。三是对语篇结构的把控能力。学生根据上下文逻辑关系进行文章续写,所续写的短文语句要连贯有序。四是创造性思维能力。学生所续写的短文具有较丰富的内容,包含详细和生动的情景、态度和感情描述。黄远振等(2015)从学思结合、为思而教的教育理念出发,提出了深层阅读"读思言"教学模式。下面以 2021 年福建省诊断性考试读后续写为例来说明。

一、文本材料

根据下面短文所给情节进行续写,使之构成一个完整的故事。

When my daughters reached the third and fourth grades, I occasionally allowed them to walk to and from school alone if the weather permitted. One warm spring day, a little dog followed them home after school. It had short legs and long lovely ears, with a fawn-colored coat. It was the cutest dog I had ever seen and the girls begged me to keep it.

The dog was barely twelve weeks old. It had no collar or identifying marks of any sort. I didn't know what to do. I thought about running an advertisement in the lost-and-found, but I really didn't want to. It would break the kids' hearts if someone should show up. Besides, its owners should have watched it more closely.

By the end of the week, the dog was part of our family. It was very intelligent and good with the girls. The following week something told me to check the lost-and-found section in the local newspaper. One particular advertisement jumped out at me and my heart pounded with fear at what I read. Someone was begging for the return of a lost dog in the neighborhood of our grade school. They sounded desperate. My hand shook. I couldn't bring myself to pick up the phone.

Instead, I pretended I hadn't seen the advertisement. I quickly put the newspaper away in the drawer and continued with my dusting. I never said a word about it to the kids or my husband.

By now we had named the dog. It looked like a Molly, so that was what we called it. It followed the girls everywhere they went. When they went outside, it was one step behind them. When they did housework, it was there to lend a hand. There was only one problem with this otherwise perfect picture: my conscience was bothering me. I knew in my heart I had to call that number and see if our Molly was the dog they were desperately seeking. It was the most difficult thing I've ever done.

注意：

1.续写词数应为 150 左右；

2.续写部分分为两段，每段的开头语已为你写好。

Paragraph 1

With mixed feelings, I finally picked up the phone. _____

Paragraph 2

I asked the woman to come in and she quickly bent over and hugged Molly tightly._____

二、文本分析

本文话题属于"人与社会""人与自我"范畴,全文共 337 个单词。讲述一条走失的狗跟着作者的孩子们回到了家,出于对小狗的喜欢,他们把小狗留在了家里。但是突然有一天,作者在报上看到了寻狗启事。经过内心的一番煎熬,在未告知家人的前提下,作者拨通了狗主人家的号码。

三、讲评过程

基于"读思言"模式,教师在讲评过程中集中解决以下三个问题:问题一,读后续写读什么? 问题二,怎么续? 问题三,怎么写?

问题一:读什么? 即"读"的环节

读:重读文章,精研首句。重读文章的目的是读文章要素,厘清整体故事线(5W+1H)(见表 4-1)。

表 4-1　文章故事线

setting(背景)	在孩子三四年级时,如果天气允许,作者偶尔让她们独自上小学。
characters(人物及人物内心活动)	作者(捡到狗之后的高兴,还狗时的患得患失,并向家人隐瞒了还狗的事); 女儿们(对于 Molly 的到来,感到非常高兴); Molly 的主人(丢狗时的情绪低落;失而复得时的惊喜,夹杂着感动、感谢、感恩的情绪)
plot(情节)	作者家人捡到狗的前后过程
conflict(矛盾)	看到广告之后,狗的去留问题
climax(高潮)	主人到家带回 Molly,我的反应;主人的回应;女儿的心理感受
theme(主旨)	心地善良、换位思考、共情能力

精研首句的目的是研读首句,确定关键词(斜黑体体现)。

Paragraph 1

With *mixed* feelings, I finally *picked up the phone*.

Paragraph 2

I asked the woman to **come in** and she quickly bent over and ***hugged Molly tightly***.

问题二：怎么续？即"思"的环节

(1)思：设问题，定要点，思衔接。教师引导学生分析文本，构思情节；引导学生进行问题设计，提出如下探究性问题：

Paragraph 1：

Q1：What did I do after picking up the phone?

Q2：How did the author confirm the facts?

Q3：How did the author make an appointment with the woman?

Paragraph 2：

Q1：What was my response when I saw the woman hugging Molly tightly?

Q2：What about my daughter's response?

Q3：What did the woman do before leaving the author's home?

学生根据问题设置，进行合理的内容想象。教师鼓励学生对问题进行尝试性回答，为续写做好铺垫。

Paragraph 1：

A1：I confirmed the facts that Molly was the woman's lost dog on the phone.

A2：The author asked the woman to describe Molly's appearance.

A3：They decided when and where to meet.

Paragraph 2：

A1：Describe my response and my daughter's response. (feelings and actions)

A2：Describe my daughter's response. (feelings and actions)

A3：The woman was moved and then expressed thanks to the author.

(2)定要点：根据所给材料和两段提示句，定要点。

第一段要点：确认、约见、出现。

第二段要点：反映、感谢、反思。

(3)思衔接：第一段首句后的衔接；第一段尾句(与第二段首句衔接)；第二段首句后的衔接。

问题三：怎么写？即"言"的环节

言：构思拟稿，加工修改，润色成文。第一，构思拟稿。借助连接词，将三问三答进行合理串联。第二，加工修改。通过动作描写、神情描写、语言描写、心理描写等,使故事更为具体、形象、生动。第三,润色成文。通过选用更高级的词汇或句型,使文章衔接自然、过渡流畅、语言准确生动。

四、学生习作

参考范文

With mixed feelings, I finally picked up the phone. After dialing the very number, a female voice answered. "Hello!" I took a deep breath, and asked if she had lost her dog in the neighborhood of my girls' school. "Yes! Yes!" she said in great delight. "Her legs are short and her ears are extremely adorable! She wore a fawn-colored coat the day she ran out. Did you find her?" Yet unwillingly, I gave her my address and she said she would be available tomorrow afternoon, when she would come here and take back Molly. Putting back the phone, I sank myself into the couch. What a dilemma! That night I said nothing to my girls about what would be happening tomorrow. They would not agree, I thought. The next day I waited for the owner nervously, even hoping she would not show up. But all of a sudden the door bell rang, and there stood the owner.

I asked the woman to come in and she quickly bent over and hugged Molly tightly. "My dear! I thought I would never see you again!" She cried. Shortly afterwards, she stood up, still holding Molly in her arms. "How can I express my thanks to you?" She smiled at me and said. I was about to say something when suddenly my girls came home. Seeing a stranger with Molly in her arms, the girls immediately knew what had happened. But much to my surprise, they agreed to send Molly back to her owner and said goodbye to her without hesitation. My girls are kind, I thought to myself.

本文能顺着原文的思路,进行情节构思,与原文的内容、语句、语言形成连贯。考生自由流动表达,读者能观其文,品其言;也能入其境,会其意。整体思路清晰,行文流畅,结构较严谨;结尾略有不足,稍显仓促。但作为考场作文,具有时空的特殊性,考生在规定的空间、有限的时间完成写作,不失为一篇考场佳作。

(一)本文逻辑严密,情节构思合理

根据已知人物、事件、续写段落首句预测故事的发展,续写第一段首句讲"我"怀着复杂的心情拿起了电话,双方电话交谈,涉及确认信息、双方约定见面的地点、时间等。第一段行文至女士在作者家门口,按响门铃……悬念顿起。

短短的第一段,从接电话("我"深呼一口气接起电话,对方则是欣喜若狂)、电话中(不情愿给出地址、约定见面时间)到放下电话("我"颓然坐在沙发上),读者看到了故事的一波三折。一句"What a dilemma!"恰如其分地把进退维谷的"我"体现得淋漓尽致:对孩子只字未提明天要还狗的事,甚至希望Molly 的主人不要出现。描写具有画面感。

第二段首句说作者邀请女士入内,女士俯身紧紧抱住狗。作者进一步描写了"我"与女士、"我"的孩子们与女士之间发生的事。最后作者发出感慨:真是好孩子。

(二)语言丰富,准确流畅,融洽度高

1.词汇丰富,句式多样,语法准确(见表 4-2)

表 4-2　语法特点分析

特点	举例说明
词汇丰富	例如:unwillingly、be available、nervously、suddenly、immediately 等
句式多样	简单句、并列句、复合句交替使用;倒装句、长短句结合,使文章富有层次。例如:"What a dilemma!""*I was about to* say something *when …*"
语法准确	非谓语动词、特殊句式使用到位。例如:"Putting back the phone, I sank myself into the coach." "Seeing a stranger with Molly in her arms, the girls immediately knew what had happened"

2.运用多种描写手法

(1)动作描写:比如 took a deep breath、sank myself into the coach、holding Molly in her arms。

(2)神情描写:比如 said in great delight、waited for the owner nervously、cried、smiled at me、much to my surprise、without hesitation。

（3）语言描写：在使用引语时，能交叉使用直接引语、间接引语。比如："Hello!" "I took a deep breath and asked if she had lost her dog in the neighborhood of my girls'school." "'Yes! Yes!' she said in great delight, 'Her legs are short and her ears are extremely adorable …'"。

（4）心理描写：比如"They would not agree. I thought … even hoping she would not show up." "My girls are kind. I thought to myself."。

3.有效使用连接成分，结构紧凑

行文过程中，善于使用表示时间的过渡词和转折词。例如：after、the next day、shortly afterwards、yet。

4.措辞准确得体

从文章的字里行间，读者读懂作者的情绪、态度和思考。例如：unwillingly、sink、what a dilemma、much to my surprise、without hesitation。

五、教学反思

读后续写多以记叙文故事类文章为主，主题包含人与社会、人与自然、人与自我。其选用的文本一般都富有哲理，具有教育意义。在日常教学中，读后续写材料的选择会影响考生的续写表现，教师在设计或选择读后续写材料时应注意：文本有趣，适合学生延伸；难度适当，易于考生理解；长度适宜，内容丰富。在读后续写题的给定材料中，命题者往往直接阐明或若隐若现地给出文章的大意，它是考生续写的方向、前提假设和已知条件（葛文山，2022）。教师应引导学生研读文本，快速抓住文章大意或经验道理，做到"read the lines，read between the lines，read beyond the lines"，才能写出融合度高的故事。学生在故事的阅读中既增长见识，也体验到人生的真善美，这也是英语教育立德树人思想渗透的重要途径。

附录1

读后续写评分标准（参考）

1.本题总分为25分，按五个档次进行评分。

2.评分时，主要从内容、语言表达和篇章结构三个方面考查，具体为：

(1)续写内容的质量、续写的完整性以及与原文情境的融洽度。

（2）所使用词汇和语法结构的准确性、恰当性和多样性。

（3）上下文的衔接和全文的连贯性。

3.评分时,应先根据作答的整体情况确定其所属的档次,然后以该档次的要求来综合衡量,确定或调整档次,最后给分。

4.评分时还应注意:

（1）词数少于120的,酌情扣分。

（2）单词拼写和标点符号是写作规范的重要方面,评分时应视其对交际的影响程度予以考虑,英、美拼写及词汇用法均可接受。

（3）书写较差以至于影响交际的,酌情扣分。

参考文献

1.葛文山.读后续写题的情节设计[J].中小学外语教学(中学篇),2022,45(2):1-9.

2.黄远振,兰春寿,黄睿.为思而教:英语教育价值取向及实施策略[J].课程·教材·教法,2014,34(4):63-69.

3.刘庆思,陈康.关于一年两考高考英语试卷中读后续写设计的研究[J].中小学外语教学(中学篇),2016,39(1):1-5.

高中英语"以读促写"教学案例分析

—— 以人教版必修一"Unit 2 Travelling Around"

"Reading for Writing"板块为例

《普通高中英语课程标准(2017 年版 2020 年修订)》(以下简称《高中课标》)将语言技能分为理解性技能和表达性技能,表达性技能包括说和写。必修阶段的写作技能部分要求如下:(1)清楚地描述事件的过程;(2)借助连接性词语、指示代词、词汇衔接等语言手段建立逻辑关系;(3)在书面表达中借助标题、图像、表格、版式等传递信息,表达意义;(4)根据表达目的选择适当的语篇类型;(5)根据表达的需要选择词汇和语法结构。

根据《高中课标》对写作技能的要求,新教材在写作教学方面采用阅读和写作相结合的模式。每个单元都包含一个"Reading for Writing"板块,采用过程性写作模式;教材为学生提供写作模板和为学生提供写作支架。本文以人教版必修一"Unit 2 Travelling Around"的"Reading for Writing"板块为例进行分析。

一、教材分析

本节课是人教版必修一"Unit 2 Travelling Around"的续写课。本单元以"旅行"为中心话题,该板块的活动主题是"给朋友写信告知旅行计划"。该板块是从外国学生 Richard 的视角介绍中国最令他着迷的地方西安。通过 Richard 的介绍,学生对被称为"世界八大奇迹之一"的兵马俑有了更深刻的了解认识,并深感自豪。同时,借助写作活动,学生进一步探索有价值的旅游资源,并思考其文化内涵。

本节课之前,学生对旅行计划制订、行前准备、景点介绍有初步了解。在此基础上,本节课首先让学生阅读邮件和介绍西安的小册子,使其进一步了解如何制订计划,并按写作要求完成初稿;然后根据评价标准,开展小组讨论互评,旨在发现问题并提出修改建议;最后学生再次对文章进行修改润色。这些活动的开展有益于培养学生自主学习、合作学习和探究学习的能力。

二、教学设计

教学设计见表4-3。

表4-3 教学设计

教学内容：人教版模块一 Unit 2 Travelling Around	
授课年级：高一(2)班	课型：Reading for Writing
学情分析	

本课授课对象为某中学高一(2)班学生,该班为县级实验班,有54名学生,此次授课为借班上课。通过与任课老师授课前的交流,了解到学生整体配合度较高,班上也有若干学生英语成绩优秀并且乐于表达。

本节课之前,学生已完成本单元大部分内容的学习。老师反映学生对于英文写作存在畏难情绪。因此,做好写作前的铺垫,整理相关话题语言表达和文章结构,让学生有话可说、有话能说是本课的教学关键。

教学目标

经过本课的学习,学生能够：
1.总结归纳旅游计划的篇章框架结构；
2.通过文本阅读,在语境中练习使用描写旅游计划；
3.基于写作框架,运用文本知识完成旅游计划的写作。

教学重点

1.引导学生关注标题,预测文章大意；
2.通过关键词,归纳段落大意；
3.写一封语言简练、语义连贯、结构清晰的电子邮件。

教学资源	教材、多媒体课件、学案、视频、音频
教学过程	

教学环节	教学活动	设计意图
Warming Up	1.Greet and start class with three questions. Q1. What's your understanding of travel? Q2. What's your reason for travelling? Q3. What does travel mean to you? 2.Students share their thoughts about travel. 3.Teacher shares the understanding of travel. (1)My understanding of travel: To go from one place to another, especially to a distant place. (2)My reason for travelling: I'm interested in history and culture and want to know more about the world. Travel is part of my life. 4.Read the quote on the opening page.	设计问题,引发思考,以此引入背景知识。通过师生共享对旅行意义的看法,形成阅读期待。

续表

Pre-writing		
Step 1	1.Write down three cities that you want to visit most in China. 2.Tick five reasons for your choice. 3.Use your words to describe your choice.	设计问题链,引导学生进行深度思考:选择三个最喜欢参观的城市、五个选择的原因及理由。以此唤起学生已学过的关于描述旅行的词汇,为进一步深度阅读做好铺垫。
Step 2	1.What's the email about? 2.Read the brochure and tell us what amazes you most. 3.Read Richard's email and tell us what things should be included in a travel plan.	关注文章主旨大意:了解文章内容,为提取和概括基本信息做准备。
Step 3	1.Study the organization. | Paragraph	Main idea	Detail | |---|---|---| | 1 | | | | 2 | | | | 3 | | | | 4 | | | 2.After finishing the table, one more question for you to think it over. What makes a good travel plan? _____ Travel Plan Destination(目的地):_____ Departure time(出发时间):_____ Transport:_____ Length of stay:_____ Things that you take:_____ Arrival time(抵达时间):_____ 3.Study language feature:underline the words and phrases used to express emotions in the email. 4.What do we usually talk about when we share our travel plans with our friends?	关注文章结构:学生自主阅读文章,归纳段落大意,寻找支撑细节。 实践运用:通过语境创设,引导学生思考好的旅行计划具备什么要素。结合前面两个环节,进行实践运用。 学生带着问题进行持续无干扰的整体阅读,体验、寻找表达情感色彩的词汇或短语,为后续写作做铺垫。

续表

While-writing		
Step 4	Based on the given information，write a travel plan. 假定你是小李,寒假即将来临,你打算和家人去上海玩。请你给好友 Richard 写一封 email,分享你的出行计划。内容要点: 1.元月 21 日下午 2 点左右从漳州坐高铁去上海,到上海后入住预订酒店,休息一晚。 2.第二天到上海迪士尼乐园游玩,体验各种游乐设施,并购买纪念品。 3.第三天上午参观上海科技馆,下午登东方之珠,欣赏上海全貌。 4.元月 24 日乘坐高铁返回。	实践运用,迁移创新:学生运用所学的词汇、句式及文章框架写一篇描述出行计划的文章。
Post-writing		
Step 5	1.Students share their writing in groups. 2.Exchange drafts. Assess each other's work according to the checklist.	交流反馈:完成写作任务之后,学生根据评价标准进行小组讨论,就语篇结构、内容写作、语言表达方面存在的问题,提出修改意见。
Assignment	1.Revise your draft according to the checklist. 2.Share your travel experience. 3.Recommend a place of interest abroad that is worth visiting.	学生课后进行"二度交流",再次对文章修改润色。
板书设计		
Travel plan	Unit 2 Travelling Around *Reading for writing*：*Write to a friend about a travel plan* Para 1：Main purpose for the trip Para 2：Other plans for the trip Para 3：Transport (leaving & arriving time) Para 4：Final thoughts	

三、教学反思

(一)课型设计与整体实施效果

这是一堂读写课。除了理解文本基本信息,教材还引导学生分析语篇结构、语言特征等,为写作活动做好铺垫。学生通过阅读介绍性文本和旅游宣传册,辨别两者的文体特征及语言特点;掌握用电子邮件说明旅行计划的文体结构;掌握表达情感的常用结构;熟悉旅行日程的文体结构,能够快速获取信息。

教师以语境创设、以旧带新的方式,启发学生在生活中将所学知识与事例相结合进行表达;注重知识拓展和运用层面的训练。学生在学习过程中积极主动,动静分明,配合默契。本节课容量大,由浅入深,以新带旧,层层递进;教学设计、课堂实施及学生课堂反应,达到预期的教学效果。

(二)不足与改进设想

本节课活动设计留给学生思考时间较短,不利于学生对问题进行深度思考,所给出的回答仍较为浅显。在授课过程中,教师应给予学生更多思考时间,教师与学生、学生与学生多些语言交流和思想碰撞,这既有利于学生表达,也有利于学生形成深度思考的习惯。

参考文献

1.鲁子问,陈晓玉.高中英语文化教育实践路径[M].北京:外语教学与研究出版社,2019:13.

2.梅德明,王蔷.《普通高中英语课程标准(2017年版2020年修订)》解读[M].北京:高等教育出版社,2021.

3.人民教育出版社等.普通高中教科书·英语必修1(学生用书、教学用书)[T].北京:人民教育出版社,2019.

4.人民教育出版社等.普通高中课程标准试验教科书·英语必修1:学生用书[M].北京:人民教育出版社,2015.

5.人民教育出版社等.普通高中课程标准试验教科书·英语必修1:教师教学用书[M].北京:人民教育出版社,2015.

附录1

Useful Language

Express emotions	Planning a tour/Stating Intentions
The beauty of …is beyond words.	I've decided to …
The view from the top of the hill/… is magnificent.	I'm going to …, that's for sure.

续表

Express emotions	Planning a tour/Stating Intentions
What a treat to get out into the peace and quiet of the country!	I haven't made up my mind whether to...
It was just like looking at a postcard, except that we were really part of the picture.	If we take a boat trip, we can enjoy the splendid sights along the river.

附录 2

Checklist

1.Read each other's work and tick (√) or cross (×) each question in the column.

	Yes	No
1. Are all the words spelt correctly?		
2.Is there a clear purpose for the trip?		
3.Does each paragraph have a clear main idea?		
4.Does the writer use the present continuous tense for future plans?		
5.Does each paragraph have a logical link to the next one?		

2.Revise your draft according to your partner's comments.

附录 3

Possible Version

Dear Li Hua,

How is everything going? As the winter holiday is coming, I will have a four-day trip to Shanghai with my family. Here is my plan.

We are leaving Zhangzhou for Shanghai by the high-speed railway at around 2:00 p.m. on Jan. 21st. Upon arriving in Shanghai, we will check in the hotel for a good rest first, which will be booked online in advance, so that we can have enough energy to visit Shanghai. On the second day, we are going to the Disneyland to experience all kinds of recreation facilities, and buy some souvenirs at the same time. On the third day, we will visit Shanghai Science and Technology Museum in the morning. Besides, we will climb the Oriental Pearl Tower in the afternoon, from which we will enjoy the whole view of Shanghai. On Jan. 24th, we will take the high-speed railway back to Zhangzhou.

How about the plan for your winter holiday? I am looking forward to your reply.

Yours,

Wang Ming

学生课前材料

Unit 2 Travelling Around

"Reading for Writing" Students' Worksheet

Name _____   Class _____   No. _____

Rethink.

1. Write down three cities that you want to visit most in China.

_____

2. Tick five reasons for your choice.

☐ tourist attractions   ☐ cultural meaning   ☐ location

☐ weather   ☐ food   ☐ entertainment

☐ accommodation   ☐ safety measures

3. Describe the choice in your own words.

1._____	
2._____	
3._____	
4._____	
5._____	

以读促思：高中英语阅读教学实践探析

  阅读是最为便捷的语言信息输入方式,阅读文本是外语学习者最好的语言输入,语言的输出能力同时也体现学生的语言运用能力。《普通高中英语课程标准(2017 年版 2020 年修订)》(以下简称《高中课标》)指出思维品质是英语学科教育必须发展和提升的重要核心素养,强调思维的逻辑性、批判性和创新性,并根据难易程度、复杂程度、深度和广度将思维品质分为三级。思维品质具体包括观察、比较、分析、推断、归纳、概括、评判、创新等。

  读思言强调以"思"为核心,以阅读通向学习之门,强调文本问题化、问题思维化,体现问题导向教学策略(黄远振,2015)。阅读教学是英语课堂教学的重要组成部分,主要目的是培养学生的阅读能力,使其成为独立的、高效的阅读者。目前,阅读教学中存在的主要问题是设置的问题多是事实信息题,较缺乏有深度的问题,尤其是开放性和探究性的问题。其主要原因是教师设计的阅读活动思维水平不高。本文以人教版教材必修二"Unit 4 Wildlife Protection""Reading"部分为例,探讨在阅读教学中如何做到"以读促思"。

一、教材分析

  人教版教材必修二 Unit 4 Wildlife Protection 单元的中心话题是"野生动物保护",该话题贴近时代、贴近社会、贴近生活,具有现实意义。涉及的主要内容有:了解濒临灭绝的野生动物的生存现状;学会如何保护野生动物;吸取哪些经验教训以及形成保护野生动物的意识。通过本单元学习,学生认识到日常生活中关爱动物的意义并意识到保护野生动物的重要性和紧迫性。

  本节课授课内容为"Reading"板块:"How Daisy Learned to Help Wildlife"。本文是记叙文,故事性较强,对话也较多。作者以叙述的方式,采用拟人的写作方法描述了主人公 Daisy 在梦中乘坐飞毯跨越时空和藏羚羊、大象、猴子对话的神奇飞毯经历。在这次经历中,通过 Daisy 与动物们对话,学生了解到野生动物艰难的生存环境以及保护野生动物的意义与必要性。

二、教学设计

本节课教学设计内容见表 4-4

表 4-4　教学设计表

教学内容:人教版必修二　Unit 4 Wildlife Protection Reading:How Daisy Learned to Help Wildlife	
授课年级:高一(2)班	课型:Reading
学情分析	
授课对象为某中学高一(2)班学生,该班是实验班。从整体来看,大部分学生英语基础知识扎实,思维活跃,学生有较强的自主意识和探索能力。但因学生刚升入高中,仍有小部分同学还未能很好适应高中英语学习。 　　在上阅读课之前,学生已完成"热身"部分的学习。通过图文展示,学生了解到中国在野生动物保护方面所做出的努力以及取得的成绩,从而让学生意识到保护野生动物的重要性和紧迫性。这为之后的阅读学习起到铺垫作用。基于此,教师在做教学活动设计时,既要兼顾语言输入和语言输出,同时也应充分考虑高中一年级学生的认知水平,设计合理、有效的教学活动,以培养学生的语言能力并满足他们的情感要求。	
教学目标	
经过本课的学习,学生能够: 1.对野生动物的濒危状况有更多的了解,并且意识到野生动物保护的重要性; 2.提高学生表达如何保护野生动物和环境的语言能力; 3.进一步培养学生的阅读能力,以及批判性思维能力。	
教学重点	1.引导学生关注标题,预测文章大意; 2.通过关键词,归纳段落大意。
教学资源	教材、多媒体课件、学案、视频、音频

续表

教学过程		
教学环节	教学活动	设计意图
Pre-reading	1.Greet and start class with a small competition.（Ask the students to name the animals.）	比赛导入:通过说出动物名字的接龙比赛,帮助学生进一步熟悉动物的名称,以此激发学生已有知识储备和学习兴趣,让学生对话题有所了解,为后续学习做好准备。
	2.Inspire the students to brainstorm why some of these animals are in danger of disappearing.	通过头脑风暴,引发学生思考动物灭绝的原因,也为学生提供梳理思路、组织语言、表达看法的机会。联系实际,思考人类与动物的关系和人类如何学会与动物和谐相处。
	3.Ask the students to look at the picture and answer two questions based on the title. Question 1:Who is the main character?　（Daisy） Question 2：What's the key word in the title?　（How） 4.Invite the students to go with Daisy with the questions： Question 1：Where will Daisy go? Question 2：What will she see?	聚焦标题:通过看图和设置问题读标题活动,引导学生关注标题,预测正文部分的内容大意,然后迅速浏览全文来检验自己捕捉的大意是否准确,以此培养学生获取、概括信息的能力。 设置问题引发学生思考,形成阅读期待,以此拓展思维空间,提高阅读质量。
While-reading	1.Guide the students to read the text within 3.5 minutes and then answer three questions. Question 1:How did Daisy travel? Question 2:To learn how to protect wildlife，where did she go? Question 3：What animals did she see and talk with?	引导学生阅读文本,后进入快问快答环节,以此检测学生对文章是否有基本了解。
	2.Read the passage quickly and write down its main idea.（Tips for summing up the main idea of a story.） • Who? • What happened? • What's the meaning of the story?	再次阅读文本并根据三个问题,归纳文章中心大意,以此培养学生获取、总结大意的能力。

续表

教学环节	教学活动	设计意图
While-reading	3. Travel with Daisy to these three different places to get a better understanding of these three animals' situation. 3.1 The first stop：Tibet Read the first paragraph and finish the conversation between Daisy and the antelope. 3.2 The second stop：Zimbabwe Read the second paragraph and find out what the elephant told Daisy. 3.3 The third stop：the rainforest Read the third paragraph and make a dialogue between Daisy and the monkey. 4. Ask the students to read the last paragraph and focus on the last three sentences. Speak out the meaning of these three sentences. 5. Ask the students to think about the meaning of the ellipsis.	跟着主人公去旅行，引发学生关注、理解、思考动物的生存现状。 学生基于文本，对文章最后三句进行深入解读。 引导学生思考省略号的作用。这是超越文本的解读，引导学生读出言外之意，读出书中道理，让人感觉意犹未尽。
Post-reading	1.Guide the students to think what Daisy learnt from her experience. 2. Ask the students to think about what they can do in the future.	迁移创新：引导学生思考 Daisy 之行的意义，引导学生反观其身、思考总结，以此深化主题意义，加强德育浸润。 思考未来的行为，从语言上看，实现从理解到过渡应用；从行为上看，体现起于思、见于言、成于行。

续表

教学环节	教学活动	设计意图
Assignment	1.Read the passage carefully and try to find the new grammatical structure—the present progressive passive voice in it. 2. Read the passage again. Choose one story from the passage and retell it. Add your own ideas to your new story. 3. Example 3 on Page 27. Choose one of the questions to discuss. ▷Should the poor farmers move to another place? Can they be employed to work in the park and not hurt the animals? ▷How can the animals be protected from more people coming into the park? What should be done to punish people who do harm to the animals?	检测学生对于本节课学习的掌握程度。 复述课文并适当加入自己的想法,鼓励学生学会表达、敢于表达,为学生提供大胆思考、自由讨论、自主探索、勇于创新的平台。 拓展性活动:讨论野生动物保护和地方经济发展之间的矛盾。该活动与本文没有直接关联,但实际上是一道应用性较强的思考题,体现了用"语言做事"的教学理念,促进学生运用所学语言知识解决真实生活中遇到的问题,并提出解决问题的办法。 课后作业提供了两种情境,学生根据个人兴趣和能力任选一项活动。完成此项活动,既需要学生的独立自主,也需要与同伴共同合作、探究完成。

板书设计

Unit 2 Wildlife Protection
Reading：How Daisy Learned to Help Wildlife

Paragaraph	Main idea	Supporting details
Para.1：The 1st stop—Tibet	Reasons for wildlife protection	1.Animals：_____ 2.Situation：_____ 3.Result：_____
Para.2：The 2nd stop—Zimbabwe	A good example of wildlife protection	1.Animals：_____ 2.Situation：_____ 3.Result：_____
Paras.3 & 4：The 3rd stop—The rainforest	Lessons from wildlife protection	1.Animals：_____ 2.Situation：_____ 3.Result：_____

三、教学反思

本文以小女孩 Daisy 在梦中乘坐飞毯跨越时空和藏羚羊、大象、猴子对话的神奇经历为线索,体现了 Daisy 对生活、对自然的探索精神,具有丰富的教育意义。在课堂教学中,教师根据学生的生理、心理特点设计适合学生年龄特点、认知水平的教学活动情境。这些活动既有利于学生发展语言能力,也能真正触及学生内心。在活动完成的过程中,我们感受到学生身上具有的人文情怀和社会责任感。

(一)教学育人点分析

本节课采用读前—读中—读后"三段式"阅读教学模式。该课例在教学设计方面体现了《高中课标》的要求。通过本节课,学生学习了相关语言知识,同时听、说、读、写技能也得到训练,这有助于学生综合语言运用能力的形成;其次激发和培养学生学习英语的兴趣,使学生树立信心,养成良好的学习习惯和形成有效的学习策略,发展自主学习的能力和合作精神。

英语阅读教学中渗透人格教育。以知识为载体,适时适度地渗透思想品德的爱国主义教育。为此,针对野生动物濒危问题,教师提出问题,如"What changes will happen to us?" "What should we do in the future to protect the wildlife?",从而引发学生思考,并增强学生的使命感,有益于形成积极的人生态度和健康向上的人生观。

通过一系列的活动,学生较好地运用略读和寻读的技巧,并通过语篇标记语从整体上实现对阅读材料的较好把握;学生批判性思维得到发展,实现知识的有效迁移。学生在宽松的学习氛围中,感受到老师的肯定和同伴的鼓励。

(二)教学效果分析

本节课教学体现了《高中课标》所提倡的"体验、实践、参与、合作与交流的学习方式和任务型的教学途径"。阅读课的课堂教学内容绝不能只停留在封闭的教室里或一本书上,教师要面对更广阔的社会生活,拓宽阅读内容的视角,摆脱传统的英语阅读教材的束缚,以提高学生的能力素质。因此设计"Why are these animals in danger of disappearing?"这个问题引发学生对社会及生活的思考。

　　本节课以问题为线索,学生主动阅读,创造性地完成任务,从而培养学生的协作意识和创新意识。通过问题的设置、任务的完成,学生对野生动物的保护有更多思考。例如:现在的我们能做什么? 如何做? 未来的我们又应该做些什么才能更好地培养大众的野生动物保护意识? 通过批判性阅读,学生对文本有更深层次的理解,从而对人生有更多的思考。例如:"理解"部分的第三题是一个很好的辩题:是要地方经济,还是要生态平衡? 作为一个世界范围的难题,这是值得每一位学生认真思考的。又如:在结束环节,设计"未来我们需要做些什么?"的问题,对于该问题的讨论有益于培养学生的问题意识和角色意识。

　　在授课过程中,学生主动思考,表达活跃,师生合作积极,互动默契。作为公开课,学生略显紧张,不如平时活跃。比如:在说出动物名称的竞赛环节,教师过于强调学生自主发言,候答时间过久,导入过程稍显拖沓。再有,在听课文环节,教师发出指令不够准确。由于提供的视频精美生动,学生边看文本,边欣赏画面,反而不能专心进行文本的阅读,这都是本课遗憾的地方。以下为调整措施:针对问题一,教师可以事先布置学生预习,做好充足准备,这既能巩固旧知识,又能活跃课堂气氛,从而以旧带新、导入课堂;针对问题二,教师可以引导学生边看视频边听课文或是看完视频再读文本。

四、总结

　　在阅读教学中,无论是主题立意、语篇选择还是相应的教学活动设计,都应有助于学生树立正确的世界观、人生观、价值观。教师要紧密联系英语学科教学特点,将思维品质训练融入英语课堂教学,实现常态化;教师通过英语学习活动有意识、有计划、有重点地培养和发展学生的思维能力。在这个过程中,教师既是引领者又是示范者,引导学生在语言学习活动中感受思维魅力,真正做到"以思促学"。

参考文献

　　1.黄远振,兰春寿,黄睿.为思而教:英语教育价值取向及实施策略[J].课程·教材·教法,2014,34(4):63-69.

　　2.鲁子问,陈晓玉.高中英语文化教育实践路径[M].北京:外语教学与研究出版社,2019:13.

3.梅德明,王蔷.《普通高中英语课程标准(2017年版2020年修订)》解读[S].北京:人民教育出版社,2020.

4.人民教育出版社等.普通高中课程标准实验教科书·英语必修2(学生、教师用书)[M].北京:人民教育出版社,2015.

5.中华人民共和国教育部.普通高中英语课程标准(2017年版2020年修订)[S].北京:人民教育出版社,2020.

核心素养视角下的英语综合
实践活动课

一、引言

《中小学综合实践活动课程指导纲要》(以下简称《指导纲要》)明确提出：综合实践活动课程目标以培养学生综合素质为导向，强调学生综合运用各学科知识，认识、分析和解决现实问题，提升综合素质，着力发展核心素养，特别是社会责任感、创新精神和实践能力。

二、以"读书日"为主题的综合实践课案例展示

"读书日"的英语学习分享会是在"读书日"进行的英语学习分享，既是综合实践活动课程与专题教育，也是综合实践活动课程与学科课程的结合。"读书日"是昨天，是今天，是明天，是每一天！

表 4-5　"读书日"的英语学习分享会

授课年级：高三(14)班	课型：实践课
节日背景	
世界读书日是 1995 年由联合国教科文组织正式确定的，为每年的 4 月 24 日。其创立的目的就是希望散居在世界各地的人们，不论年龄，不论国籍，都能尽情享受阅读的乐趣，同时感恩和尊重那些为人类社会留下宝贵文明的创作者们。每年的这一天，世界100 多个国家和地区都会举办各种各样的庆祝和图书宣传活动。	

续表

主题目的
1.使学生认识到读书的重要性,懂得读书的意义。通过"读书日"里分享英语学习,思考三个问题:为何读? 读什么? 怎样读? 2.让学生感受读书的乐趣,养成多读书、读好书的好习惯。

学习内容
本主题活动以"读书日"为依托,围绕学习展开主题活动。由三个活动构成:小程序打卡展示;话题演讲展示;阶段英语学习总结反思。   通过小程序打卡展示学习贵在日常、重在积累;通过话题演讲展示学有所成;通过英语学习阶段总结反思展示学习贵有所思。

主题目标
学生通过参与主题活动,能够: 1.开展词汇分类探究活动(在积累过程中,培养学生韧性); 2.独立完成话题展示,学习话题组织及英语演讲技巧及提高 PPT 的排版能力; 3.总结关于英语的学习方法,加深对英语学法的理解,形成正确的学习方法和积极的学习态度; 4.通过与低年级学生分享学习经验,培养学生的服务意识,增强社会责任感; 5.举办英语学习分享会,体验学习的乐趣,互通有无,感受分享带来的快乐。

主题活动 时间安排	建议 2 课时(45 分钟) 学生在教师指导下,在一定的时间内逐渐完成主题活动的构思、初稿、修改、完善、成品。
活动资源	多媒体课件、学案、视频、音频

教学设计主题结构
主要内容:小程序打卡作业自我点评+课前活动展示+学习计划交流。 教学重点:以学生活动展示为主,体现学生自主性、主动性、创造性。 具体做法: 1.小程序打卡环节:学生展示小程序打卡具体内容+收获+反思 2.课前活动展示:展示学生作品(PPT+音频)+小组点评 3.学习总结交流:总结阶段性英语学习的心得,包括时间安排、学习计划、学习收获及下阶段打算

学习过程	教学活动	教师指导要点
活动 1:打卡环节	1.教师在打卡程序中设计学习任务。 2.学生按要求在规定时间完成词汇的积累。 3.教师对学生作业进行点评;同学之间互评。将优秀作业置顶,供同学们学习。	1.发公告:请于今明两天进入小程序打卡,开始为期 22 天的英语高考高频词汇打卡(3.30—4.20),已全部设定完成。完成核心词汇拓展学习,要求掌握词汇的音、形、义。 2.提交形式:以笔记形式进行提交。 3.提交内容:熟词生义、一词多义、短语、句式或典型例子。

续表

学习过程	教学活动	教师指导要点
活动 2：课前活动展示	1.教师设置话题表； 2.英语课代表组织同学抽签，分组；提前公布演讲顺序； 3.学生按规定制作展示 PPT，针对演讲内容录制音频； 4.活动展示结束后将音频转成文稿并提交上传。	1.演讲注意事项，提供评价表； 2.讲解 PPT 制作关键； 3.个人提供演讲文稿格式； 4.演讲点评格式。
活动 3：学习交流	1.学生完成学习总结或做下阶段学习计划，做成 PPT； 2.课上做展示或与低年级学生做经验交流；交流后，根据教师现场点评及其他同伴的学习计划，做自我反思。	1.英语学习总结 包括时间安排、学习计划、学习收获，以及下阶段打算 2.幻灯片制作要求 首张幻灯片需要体现主题、班级、姓名、日期 最后一张幻灯片：致谢 3.确定提交时间和交流时间 注意：要有时间上的提前量，以便于学生修正，不断完善 4.文件提交格式 文件命名为"姓名＋班级＋号数＋2021 届"
综合实践活动的主要方式及关键要素		
考察探究	英语学习分享会涉及多种学习活动，对学生的学习能力有不同要求。这是记录学习的过程，更是主动获取知识、分析并解决问题的过程。如摘抄过程中，怎样排版才更合理、更科学；再有，怎样选取更"有价值"的词及例句进行摘抄。在交流的过程中，学生进行自我评价，并能根据其他同学的做法加以修正，做出改进。	
分享服务	学生可以通过参与社团活动或学生会活动，高、低年级学生相互交流，实现分享与服务。学生在分享交流的过程中，自身能力得到提高。为了更好地分享，自然需要更多的学习，从而拓展相关的知识。	
设计制造	一个好的文稿是需要设计者倾情投入的。从 PPT 版式选择到字体、字号、间距的选择都需思考；怎么在 4－5 张 PPT 中呈现自己的演讲要点，更需细心揣摩。	
职业体验	在交流的过程中，学生实现了角色转换，生到师，被动到主动。总结、反思和交流过程中，提炼经验，加以运用。	

附:评价内容

评价项目	评价内容
价值体认	通过参与英语学习分享,每个学生都得到不同程度的锻炼,能力得到提升。在整个过程当中,学生的社会规则意识得到了强化;同时在分享过程中,作为班级的一员,集体意识及自信力都得到培养。
责任担当	在整个过程中,为完成作品,学生需完成不同的活动。每一个任务的完成都需要学生有担当、有责任意识。首先是不推诿、不怠惰。其次是时间管理能力。既要完成繁忙的学习,又要完成学习分享活动。时间的合理安排既是艺术又是能力。在这一过程中,学生的交流沟通能力、协调能力都得到培养。
问题解决	在整个主题过程,为完成任务,学生需解决不同问题: 1.准备阶段的主题选定,需要学生能对自己的兴趣、能力、特长进行分析、判断、决定。有的学生继续走自己擅长的路线,老师应鼓励愿意走出舒适区的学生大胆尝试,挑战自己。 2.在实施过程中,能根据老师的要求、建议不断对提交的任务修改、调整,更好地完成任务。 3.总结阶段。学生能根据交流现场获得信息,对自己原有的任务进行再总结、再反思,使活动趋于完善。
创意物化	英语学习分享会要求学生提交的作品是 Word 文档、PPT、音频或视频。这要求学生对提交的作品有整体构思,细节规划;同时运用信息技术与同学共同完成任务。在实践操作中,进一步培养学生的学习的意识,也提高综合解决问题的能力。

这是疫情期间通过腾讯课堂会议举办的一次英语学习分享会。所有信息交流沟通和线上各种展示都有赖于信息技术的支撑。借助信息技术手段线上展示学生别样的精彩,让学生在分享的过程中培养自主学习和主动探索的意识和习惯,学会发现、分析和解决问题,学习交流协作,学会分享,激发他们内心的学习兴趣,真正体现实践活动课的价值与意义。

参考文献

1.中华人民共和国教育部.中小学综合实践活动课程指导纲要[EB/OL].[2017-09-27]. http://www.moe.gov.cn/srcsite/A26/s8001/201710/t20171017_316616.html.

"Unit 17 Great Women"的
教学构思及设计

一、教材分析

(一)单元背景分析

阿拉伯谚语说:"教育好一个男人只是教育好了一个人,教育好一个女人就是教育好了一个家庭。"传统意义上,女性作为贤妻良母或者是"成功男人背后的成功女性"而存在。琼·凯利是美国女性历史学家,她曾说:"妇女史有双重目的:把妇女还给历史,以及把历史还给妇女。"由此,我们可以看到,在人类的发展中,妇女的人生目的并不仅仅是生育子女,操持家务,女性在政治、经济、科学、文化、教育、军事等领域也都取得了卓越的成就。

本单元教学时间与国际妇女节时间大约一致,容易引起学生共鸣及对女性问题的关注。随着社会进步,妇女的社会地位有了很大的提高。但是,不管是国内还是国外,妇女参与政治的比例、职业倾向的问题仍值得我们思考。

(二)单元内容分析

本单元中心话题为"伟大的女性"。本节课授课内容包括"Warming Up"和"Integrating Skills"两部分。"Warming Up"包括两部分。第一部分看图说话。学生以小组形式分享交流四名伟大女性的生平及其取得的成就。第二部分首先谈论谁是你崇拜的女性以及崇拜的原因。其次,学生就"It has often been said that life is difficult as it is. For women it sometimes seems twice as difficult."这句话发表看法,并讨论女性成名或在职场上获得更高职务较为困难的问题,以此引发学生对男女平等的思考。

"Integrating Skills"部分介绍了美国著名黑人女性 Oprah Winfrey,教学目标是学习描述人物品质的介绍性说明文的写法,巩固书信的格式,并要求学生运用描写人物的正确方式写一封 fan letter。

(三)教学重点及难点

1.教学重点

(1)掌握重点词汇、词组及句型结构;

(2)正确描述人物的品质;

(3)掌握按照时间顺序有层次地刻画人物的写作手法;

(4)写一封 fan letter。

2.教学难点

(1)形象准确描述人物;

(2)关于性别平等问题的讨论;

(3)了解男女平等、美国黑人问题及黑人妇女状况等问题。

三、教学设计

Unit 17 Warming Up & Integrating Skills

Teaching goals:

(1)To talk about some famous women briefly.

(2)To know the reason why we admire them.

(3)To catch the key words to describe persons.

Step 1 Warming Up

(1)Daily report.

(2)Lead in by asking some questions.

Q1:What festival will we have this month?

Q2:Who is your idol woman?

Q3:In your opinion, what characteristics do idol women need?

Q4:Can you name any famous women in the world?

Q5:Can you name any great women in the world?

Q6:What's your understanding of being famous and being great?

(Teacher: Let's come to Unit 17, Great Women. Women, this word is colourful, full of wonder. Let's walk into the world of women and enjoy their elegance and style together.)

(3)Look at these pictures and say who they are.

①She was born in West Virginia, but she spent most of her life in China. In the 1920s she began to publish stories and essays in magazines. Her first novel, *East Wind*, *West Wind* was publish in 1930. *The Good Earth*, her second novel won her the Pulitzer Prize. She won the Nobel Prize in Literature. She published over 70 books in her life time.

②She was born on August 27, 1910. When she was 12, she determined to help the poor and India was her destination. At 18, she went to India and took her initial vows as a nun. She devoted herself to this place. She received the Nobel Peace Prize in 1979. She died in 1997.

③She was born into a rich family. As the widow of Sun Yatsen, she became an important member of the elite of P.R.C. She was the vice-chairperson of the P.R.C. and devoted herself to the welfare activities for women and children.

Step 2 Reading

(1)A short introduction to Oprah Winfrey.

(Teacher: We've got to know about several great women, such as Song Qingling, Mother Teresa, Pearl S.Buck. Then we're going to read about another famous woman named Oprah Winfrey. She's not just a very successful personality in the US, but also a woman who has inspired millions of people.)

(2)Listen to the tape carefully and then finish the exercises below the passage.

What examples does the author use to support his opinions about Oprah Winfrey and her TV show?
①Oprah Winfrey is not just a very successful TV personality in the US, she is also a woman who has inspired millions.
②She was an extremely bright girl at school.
③Her show is one of the most popular television programmes in history.

Step 3 Group Discussion

Answer the questions.

Q1：What do you think is needed in order to be a successful woman?

Q2：How will the author describe a famous person?

Beginning	Introduce the reason why she is famous briefly.
Body	Introduce her life experience, using examples to show her qualities.
Ending	What can we learn from this person?

(Teacher：As we know,there are many famous women in different fields. They have got many prizes and achieved fame and fortune. Fans, flowers and applause are all around them. What we have seen is their success and their fame. But do you know about how they can be successful?)

Step 4 Oral Practice

Ask the students to describe a famous person in oral.

①be born, Poland, move to Paris, study chemistry and physics, take on the French nationality

②marry Pierre Curie; study radioactive materials

③discover radium; the Nobel Chemistry Prize (1911)

④the first woman, two Nobel Prizes

⑤die in 1934; due to radiation in her work

(Teacher：Use the following key words to introduce Madame Curie.)

Step 5 Homework

Review the text and tips for describing people.

Read the sample, then write a fan letter.

Famous people get many fan letters. They enjoy it and often send their friends an answer. Write a short letter to a famous person you admire. If you want to ask for an autograph or ask a question, you should make sure to know quite a lot about him or her before you start writing.

Tips for describing people

①Choose one or two interesting examples to show us something about their character.

> ②Describe something unusual about them，something that makes them special.
>
> ③Describe a difficult situation they faced and how they solved the problem.

Supplementary material

1.International Women's Day

International Women's Day is an occasion marked by women's groups around the world. This date is also commemorated at the United Nations and is designated in many countries as a national holiday. When women on all continents，often divided by national boundaries and by ethnic，linguistic，cultural，economic and political differences，come together to celebrate their day，they can look back to a tradition that represents at least nine decades of struggle for equality，justice，peace and development.

2.Some Organizations about Women

(1)United Nations Commission on the Status of Women:联合国妇女地位委员会；

(2)World Conference on Women:世界妇女大会；

(3)Women Leaders Network:亚太妇女领导人网络,简称 WLN；

(4)China Women's Federation:中华全国妇女联合会。

初中英语第 2 册第 78 课的教学构思与设想

　　我选用的说课教材是九年义务教育三年制初级中学教科书第 2 册第 20 单元 *What do English people eat?* 的第 78 课。本人将从教学指导思想、教学方法的选择与设计、教学过程构思、总结、教学评价五个方面进行说课。

　　课堂教学是激发学生兴趣的主渠道、主阵地。本单元结合"什么国家的人吃什么"的话题,讲授食物的名称、双音节和多音节形容词的比较等级以及选择疑问句的用法,并围绕"喜欢和不喜欢"功能项目,开展教学活动。

　　本课第一部分是操练"比较喜欢"和"最喜欢"的英语表达;第二部分谈论英国的外卖食品(take-away food),同时也涉及外卖食品在中国、美国以及澳大利亚的发展情况。从教材的编写体系分析,本课教学属于由易到难,并在相关知识基础上进行加深与扩展的类型,其教学内容在教材中起着承上启下的作用。下面谈谈我的教学设计及构思依据。

一、教学指导思想

　　根据教学大纲、教材要求以及本课课型特点,本课应着重培养学生英语的听说能力。同时,通过教学,进一步巩固学生读、写等基本技能。授课过程中,体现"教师为主导、学生为主体、训练为主线"的教学原则,突出教法和学法,并恰当地选择和运用教具及现代化教学手段,把提高学生语言运用能力的目标贯穿在教学的全过程。

二、教学方法的选择与设计

教学方法是为实现教学目的和完成教学内容服务的,但也要考虑学生认知水平、心理特征、学习环境等因素。因此教学方法应围绕"突出重点、突破难点、抓住关键"进行选择。针对本课时的内容,笔者采用直观教学法,如选用实物、图片、挂图,用多媒体展示场景、创设情境,激起他们的表演欲望。情境表演充分调动学生的学习积极性,活跃了课堂气氛,达到了良好的教学效果。心理学认为:流动在教学语言中的情感能使教学语言具有更大的魅力,使理性思维具有更大的乐趣。同时,授课过程中恰当使用计算机辅助教学、制作课件,可以体现大容量、快节奏、高效率、高密度的特点,把教师的思维形象地展示给学生,达到良好的教学效果。教学遵循"视听入手—听说领先—读写跟上"的原则,贯穿主导—主体—训练的主线。

三、教学过程的构思

教学过程设计主要采用五步教学法,即复习(revision)—介绍(presentation)—操练(drill)—练习(practice)—巩固(consolidation)。

(一)温故知新

复习的目的主要是为新课铺路,以旧引新,承上启下。本课复习"询问和购物"的日常用法。交际活动要有一定的话题和范围。根据所学的语法内容,教师宜精心设计话题,以便学生运用所学语法知识进行交际活动。为此,教师可以准备学生熟悉的物品,比如水果、蔬菜、文具,并标上价格。学生分组操练,组长扮售货员,其他学生扮演顾客,让学生进行情境演出。通过设置情景,学生边玩边学,自然交流。这样的课前热身趣味性强,学生兴致高,也能顺利导入正题。

(二)新课导入

新课的引入是关系课堂教学成败的重要因素。复习时应以旧带新,以新引旧,注重新旧知识的串联。通过复习操练"What do you like to eat?"的句型,学生既复习了食品相关单词,又为教师教授新课句型埋下伏笔。

Which do you like better, _____ or _____ ?

Which do you like to eat, _____ or _____ ?

操练的目的是使学生熟悉语言形式或结构,操练的形式有:模仿、问答、看图说话、听读听写等。参与活动的形式包括个别活动、小组活动、全班活动。笔者采用问答练习,学生两人一组或四人一组进行口头操练,相互了解彼此的真实爱好,利用所学语言完成信息交流;这是一种在交际双方存在信息沟的情况下进行的较为真实的活动,并不是简单机械的操练,而是要求学生进行适当的归纳总结。这样既强化记忆,也利于信息的输出。

围绕本部分的教学内容,在教师指导下,学生进行形容词比较级和最高级的专项练习,从而加强、加深、巩固和发展课内所获知识和技能。在学生充分训练的基础上,教师引导学生做简要归纳、总结规律,以利于学生记忆理解。学生学得轻松,也记得牢,这大大增强了学生的学习积极性。

(三)课文教学设计

Step 1:利用插图设计问题、介绍课文。教师用设疑法培养学生的思维能力。心理学认为,疑最容易引起定向探究反射。英语课应增加设疑的分量和比重。教师步步设疑,可将教师的"教"转移到学生的"学",可使学生从被动变主动,让学生从"学会"过渡到"会学"。这就要求教师在学习活动之前让学生带着任务讨论或阅读。教师有意识地引导学生,让他们根据已有知识和生活经验对课文内容进行推测,培养学生的猜想和预测能力。为此笔者设计了以下三个问题。

Q1:What kind of shop can you see?

Q2:What's the meaning of the word "take-away food" in the title of the passage?

Q3:Are there any Chinese take-aways in other countries?

通过以上三个预测性问题的设计,在学生接触课文前,教师引导学生注意课文中的关键词语、重要观点或中心思想。此活动有助于学生理解文中最表层的意思,而且有助于鼓励学生,特别是后进生,建立信心,从而积极、主动地参与课堂。

Step 2:听录音,跟读,并判断正误。

听录音有助于增强学生语感,让学生进一步了解、熟悉课文内容,把握整体意思。判断正误练习的目的是对学生进行篇章信息检测。为了准确捕捉信息,学生必须集中精力,加快思考活动,迅速处理信息并做出判断。此活动有助于培养学生快捷思维和善于捕捉知识重点的良好习惯。为达到较好的听力效果,教师应注意以下三个问题:一是引导学生做好听前的预测活动;二是在听的过程中,帮助学生将注意力集中在关键词和句子上;三是克服干扰并进行有效的联想、猜测、判断。

(F) 1. The most popular food in England is Chinese take-away food.

(F) 2. They usually cook fish and chips at home.

(T) 3. People eat fish and chips on the road.

(T) 4. Chinese take-away food is also popular.

(F) 5. Fish and chip shops are very popular in the USA.

Step 3:发出指令,计时阅读。该活动的目的是引导学生加深对课文大意的理解,同时通过具体语境呈现和介绍生词 take-away/fried,这种启发式教学能够有效激发学生获取信息的兴趣和欲望。而后进行全班朗读。朗读和阅读通过声音与文字的双重输入实现音形同步,并设计 5 个综合性的问题,检测学生是否能通过阅读获得准确的篇章信息。

Q1:What's the most popular take-away food in the USA?

Q2:Where do people usually get fish and chips?

Q3:Where do they put the food?

Q4:Where do they eat it?

Q5:Is Chinese take-away food also popular? Why?

Step 4:补全课文,归纳大意,复述课文。为进一步巩固课堂教学成果,学生首先完成练习册习题二的补全课文练习,后用自己的语言归纳文章大意并进行口头课文复述。在此基础上,为达到学以致用的目的,教师要求学生用四到五个句子描述 take-away food,以加深学生对话题深层意义的理解,引发其联想和创造思维。这既有利于学生掌握课文内容,提高英语口头表达能力,也有益于教师迅速得到反馈,检查学生对所学知识的掌握情况,并对存在的问题做及时处理。

本课教学设计注重由浅入深、层层递进、围绕中心、环环相扣、深化主题和培养能力 。

四、总结与作业布置

在授课结束时,教师小结本堂课讲授的知识。为进一步巩固课堂教学成果,培养灵活运用语言的能力,该课的家庭作业布置学生模仿原文进行题为"Chinese Take-away Food"的写作。能力的提高是一个循序渐进的过程。通过上述活动,逐层铺垫,化难为易,为学生写作做好准备。

五、教学评价

本课教学,教师将知识传授与语言能力培养结合在一起,开发学生的智能,发展学生的思维。听、说、读、写综合运用,互相促进,着眼提高学生兴趣,培养学生能力,以完成新教材的教学任务,实现教学大纲所规定的教学目标。在实际教学活动中,教师应根据不同的教学内容采取不同的处理方法,合理分析教学材料的性质和结构特征,根据学生实际和教材难易制定教学目标。

以上是本人对第 20 单元 What do English people eat? 的教学构思与设想。感谢各位老师倾听,请批评指正,谢谢。

第五章

备考方略

新课标背景下高考英语试题
特征分析及备考建议

一、引言

2019 年高考英语命题体现高考评价体系"一核四层四翼"的总体要求,命题理念体现了"立德树人、服务选拔、引导教学"的高考核心功能。考查内容服务于考查目标,体现了必备知识、关键能力、学科素养、核心价值。试题的命制体现基础性、综合性、应用性和创新性的考查要求。本文基于高考评价体系,通过分析全国卷英语试题基本特征,对高考英语复习给出一些具体的备考建议及教学启示。

二、全国卷英语试题特征分析

《普通高中英语课程标准(2017 年版 2020 年修订)》(以下简称《高中课标》)强调英语课程对学生语言能力、文化意识、思维品质和学习能力的综合培养,具有工具性和人文性融合统一的特点。

(一)突出英语工具性,解决生活问题

英语作为一门语言的工具性特征突出,应让学生学会用英语解决实际生活问题。如 2017 年全国Ⅰ卷讲到"如何自制便携式太阳能蒸馏器在野外获取饮用水""密码学""免扰";2018 年全国Ⅰ卷七选五话题涉及家居装潢色彩的使用;2019 年全国Ⅱ卷七选五主题是关于动机和目标的意义以及动机和目标之间关系的。这些文章贴近实际,贴近生活,贴近社会,引领学生走进科学,体会科学带来的无限趣味;也让学生体会到运用知识与智慧分析问题和解决问

题的能力。

(二)突出英语人文性,增强文化自信

全国卷英语试卷选材充分体现了英语学习人与自我、人与社会、人与自然三大主题,语篇传递着真善美。例如,2017 年全国Ⅰ卷介绍外国兴起汉语热、老外学唐诗、最美阳朔;2018 年全国Ⅰ卷书面表达要求考生邀请外国朋友到家做客的有关习俗;2019 年全国Ⅲ卷阅读理解 B 篇从外国人视角谈中国文化及中国美学对国际时尚潮流的影响。英语试卷选材试图从中华优秀传统文化中寻找育人的源头活水,展示中华文明的悠久历史和人文精神,使学生了解中华优秀传统文化的内涵与价值,同时重视传承和弘扬本民族优秀传统文化,讲好中国故事,更深刻地反思中华文明在当代的创造性转化和创新性发展。

(三)注重基础性和综合性,突出应用性和创新性

全国卷英语试卷结构保持相对稳定,以考查英语学科必备知识为基础。在试卷结构设计上,除听力、阅读、写作等个别语言能力的专项测试外,还包括综合语言能力的测试,如语言知识应用部分,体现了基础性和综合性的考查。从试卷难易比例来看,试题基础题、中档题、难题分值比例为 5∶3∶2,即 50%题目属于基础题,80%题目属于中低档题。从材料难度方面看,听力部分的话题涵盖学生熟悉的日常话题,阅读理解有相对简单的广告通知类文章。在题型搭配方面,听力采用选择题,提供三个选项,整体难度相对较低;阅读理解部分考查同样是选择题,整体难度中等;语篇填空考查词汇和语法的综合运用能力,除了个别空格相对刁钻,整体难度中等。在试题情境的设置上,既有基于真实语境的听力理解,也有需要运用想象力和创造力完成的写作任务,这都充分体现了应用性与创新性。

2019 年共有 25 个省使用高考英语全国卷。2017—2019 年全国卷难度的统计数据见表 5-1。

表 5-1　2017—2019 年全国卷难度的统计数据

年份	难度		
	全国Ⅰ卷	全国Ⅱ卷	全国Ⅲ卷
2017 年	0.557	0.526	0.546
2018 年	0.574	0.568	0.574
2019 年	0.589	0.567	0.588

从表 1 可以看出,2017—2019 年全国卷三套试题难度基本保持在 0.53～0.59;纵向比较来看,三年的试卷难度整体稳定,略有提高。试卷反映出来的是词汇要求提高,长难句增加,语言地道,话题更广。

三、高考英语复习备考建议

从试卷分析来看,2017—2019 年英语全国卷注重学习过程和学习结果的并向考查,以英语学科素养为导向,突出对听力理解、阅读理解、书面表达等关键能力的考查。因此,在高三的英语复习备考过程中,师生应夯实基础知识,构建知识体系。

(一)词汇复习

词汇复习是贯穿高考英语复习过程的一项艰巨任务。《高中课标》强调,词汇学习不是单纯的记忆,也不是独立的词语操练,而是结合具体主题、在特定语境下开展的综合性语言实践活动。有效的词汇复习能够帮助学生提高语言综合运用能力。在以往的词汇复习过程中,教师常采用先布置学生背诵单词、后进行中英文测试的方法。这种单词检测方法较为机械单一,较难激发学生的学习兴趣,调动学生的积极性,更谈不上词汇运用。在词汇复习过程中,为提高词汇复习的有效性,笔者采用多种词汇复习方法。

1.词汇衍生

courage _____

A.Her work _____ many other women to become doctors.

B.I'm glad to hear the _____ news.

C.With her _____ , I decided to seize the opportunity.

D.Do not let any failure _____ you, for you can never tell how close you may be to victory.

教师首先要求学生根据词根,写出该词的衍生词;然后根据句意,完成句子填空。这类练习既考查学生对词汇基本词性转换的掌握情况,又能通过语境提高学生的语用能力,对于学生更好完成高考题目语法填空的解题有很大帮助。

2.词汇联想

例 1:animal—bear、cat、dog、fox …

例 2：animal—elephant、tiger、farm、wild ...

例 1、例 2 均为产出性词汇联想,要求考生写出与 animal 有关联的单词。两道题的设置都是考查词的联想,但方法略有不同。第一种考查方法是同一类属下的联想,bear、cat、dog、fox 都是 animal 的下义词;第二种是发散思维的联想,elephant、tiger 都是 animal 的下义词,farm 和 wild 是 animal 常见的搭配词。

3.语境创设

例 1：用 make up for 造句。

例 2：Dad cleared his throat and said _____.

例 3：Write a paragraph of about 100 words to include at least five of the following words. You can change the forms of the words or phrases if necessary.

| location | port | ancestor | conquer | butter |
| honey | fascinating | keep one's eyes for | | |

教师首先通过创设语境以提高学生的语篇输出能力。比如,例 1 是用 make up for 进行造句,这样的操练简单易行,教师可以选择 3～5 个短语进行口头或书面操练;例 2 操作方式属于半开放性试题,类似于读后续写,在一定语言环境下进行写作;例 3 是一种开放性试题,培养学生英语词汇综合运用的能力。笔者尝试由词到句,由句到篇进行词汇复习,词汇复习过程由浅入深,由简到繁,层层递进,实现语言的输出。

再者,巧用考题。语法填空和改错题对知识点核心考查有相似之处,在复习备考中,教师精心准备语法填空、改错练习,对高频考点进行有针对性的训练。比如,可以将改错题改成语法填空。又如,将作文范文改成语法填空。再如,将听力独白改成语法填空。巧用题目不仅为学生提供多样性的课堂操练,而且有利于学生提升语用能力和增强语用意识。

(二)听力训练

旧课标语言技能强调"听说读写",新课标强调"听说读看写",新、旧课标均把"听"放在语言技能的首位,由此可见"听"的重要性。《高中课标》指出:在语言技能的教学中,要将专项训练与综合训练结合起来,在听力训练中穿插看图、问答、讨论、记笔记等说、看、写的活动。

1.提供多样化材料,优化听力训练材料

教师为学生提供丰富的听力材料。通过听力专项训练,学生熟悉各种话题,以此提高实战能力。专项训练的优点在于提供相对完整、系统的听力训练材料,学生有机会接触到各种话题并积累场景词汇,比如旅游、问路、看病、租房、求学等。其缺点在于播音者相对固定,声音缺乏变化,不利于提高学生对声音的识别能力。

课文录音也是非常好的听力材料。教师通过课文听力对学生进行有层次的听力训练。教师选用教材中较短的文章,并进行如下处理:一是朗读。朗读帮助学生记忆、积累词汇,提高语言表达能力。二是复述。通过文章复述,学生的语言组织归纳能力得到锻炼。三是归纳。要求学生用自己的语言归纳文章大意。四是改写。将文章改写为语法填空或短文改错。除此,为提高学生的听力实战能力,教师尽可能为学生提供不同的听力素材,比如 21st *Century Teens Senior*,Ted 或者《新概念英语》等都是不错的选择。这些都为学生提供接触不同话题和不同播音者的机会,增强了学生的考场适应能力。

2.培养学生听力策略和听力微技能

《高中课标》指出:语言学习具有持续性和渐进性的特点。在日常教学中,教师既要注意夯实学生的听力基本功,也要培养学生的听力策略和微技能。语音知识是听力的基本功。学生需掌握重要的语音知识,比如英语字母组合、清浊辅音发音规律。这些规律不仅可以帮助学生准确辨音,还有助于有效记忆单词。

听力能力的提高有赖于听力策略的提高,听力策略包括预测、推理、选择性注意、监控、评价等。在听力教学中,教师要注意培养学生的听力策略。在听前阶段,教师引导学生熟悉相关话题,调动已有知识储备,激发学生学习兴趣并预测听力内容。听中阶段要注意培养学生的选择性注意、推理和监控策略。教师引导学生运用选择性注意策略,有选择地倾听那些跟听力目的和任务相关的信息。根据上下文内容、说话者语气、态度进行推理,并能随着文章内容的发展,不断地验证自己对文章内容的推断,这就是一种自我监控。根据选择性注意的特点,受众关心与自己固有观念一致或自己关心需要的信息。为获取需要的信息,学生将有选择性地听、有选择性地记忆。在听后阶段,学生进行自我评价。比如:评价自己所用的听力技巧是否得当。

(三)阅读理解

阅读是一种极其复杂的动态的心理活动和信息处理过程。它并不是一种单向的信息接收活动,也不只是通过对词、句、篇的解码而获得意义的过程,而是读者已有的语言知识、背景知识等与阅读文本之间相互作用的动态过程。

阅读是语言输入的最重要来源,有了大量阅读的本源,输出就是水到渠成。良好的输出意味着学生具备更强的说和写的能力。在此过程中,教师的第一要务就是帮助学生对独立阅读产生兴趣。教师在课堂教学中应该努力创设阅读环境,让真实的阅读成为可能,而不只是单纯地做阅读选择题。应努力为学生提供丰富的文本,尽量接触不同体裁、不同题材的文章,以提高学生的阅读能力,培养学生的思维品质。这样的英语学习愈有可能给学生带来快乐和成就感,形成良性循环。在教学中,阅读训练的方法有:

1.精选阅读材料,提高教学效率

教师要重视阅读材料的选择。首先重视全国卷及各省的高考阅读文章,可进行深度讲解或佳作赏析。其次,引导学生重新阅读学习过的文章,这样能使学生对文章的精妙之处更有体会。最后,精选报刊文章。英语报刊内容丰富,聚焦时事新闻、科学探索、文娱体育等。所选文章贴近社会,贴近生活,贴近学生,容易激发学生的阅读兴趣和参与热情。

教师认真研读语篇,提高教学效率。高考阅读主要考查文本大意、段落大意、具体信息、写作意图等,这些与语篇教学息息相关。教师通过分析语篇结构,重现作者构思语篇、展开段落、阐明主题的过程,助力学生把握语篇大意、梳理文本脉络。

2.注重训练方式,提升解题速度

在阅读教学中,笔者主要采用限时训练与非限时训练,两种方式交替进行。根据高考答题要求,一般要求学生在 40 分钟内完成 5 篇阅读理解 20 小题的选择。仿真模拟训练采用限时训练,这给学生造成一定的紧张感,有益于学生在重大考试中保持平稳情绪,冷静应考。完成答题之后,教师引导学生重视回归文本、定位答案、解析长难句、讲解语篇。非限时训练方式主要运用于报刊阅读,重在培养学生的整体意识,注重语篇语境和逻辑思维,注重信息综合、筛选与推断。对于合适的文本,教师可以进行"二次开发"。比如:把条款式说明文改编成"七选五",将记叙文改编为读后续写题,或者作为纯粹的朗读材料,教师带领学生重读文章,领会语言魅力。

(四)书面表达

不论从教的环节还是从学的环节,写作都是英语教与学中较为薄弱的环节。英语写作能力的提高靠的是日积月累,而非一日之功。笔者在写作训练中注重词块积累、句子翻译、语篇产出,做到从词到句,最后过渡到语篇。在阅读过程中不断积累语言知识,并通过阅读文章报刊,提取观点形成对事物的看法,逐渐成为有态度的学习者。写作时需考虑语言表达准确性、丰富性、相关性、逻辑性等要素。内容与语言形式并重,内容观点力求真实、准确、客观,语言风格追求准确、流畅、得体,两者并驾齐驱方能得心应手。

四、教学启示

(一)科学规划复习备考方案

高三备考过程中,首先做好时间规划。教师应当清楚学年教学计划,即第一轮复习、第二轮复习及冲刺阶段时间安排,并能根据情况变化做出相应调整。其次是内容规划,既可以是根据大单元理念设计高三的复习教学,也可以是以主题意义为引领的高三模块复习,还可以沿用单元复习模式。在复习的不同阶段,复习各有侧重点,教师对复习内容、复习材料的选择等要科学合理地安排,就题型、题量、重难点等精心备课。同时,注重信息的收集处理,关注时事热点,做好时文阅读。教师在教学中应做到善于总结、勤于反思。

(二)夯实基础知识,构建知识网络

万变不离其宗。在高三复习阶段,教师要引导学生重视夯实基础知识——词汇与语法。当然,复习不是简单的重复,而是知识的系统化。学生通过对基础知识的复习,既能巩固旧知,又能获取新知。重新回顾学过的知识,会有"一览众山小"之感。

(三)调整心态,提升应试能力

高考的胜利离不开智力因素与非智力因素。如果把高考比作一场战斗,那么智力与非智力因素作用都将对考试最终结果产生影响。在日常教学中,智力因素往往得到更多的关注。研究表明:重视和加强非智力因素的培养可以更好地促进学生智力因素的发展。非智力因素,按照字面理解就是智力以外的因素,心理状态、性格情绪、学习习惯、生活习惯等都可以包括其中。考试结束后,学生经常感叹状态不好。状态包括诸多因素,因此,教师应给予非智力因素足够的重视,引导学生关注自身并做好考后分析。通过分析试卷答题情况,做好经验总结,指导学生及时调整考试心态,做到临场不乱,以便在高强度的考试中发挥出自己的水平。

五、结束语

　　总之,通过高三英语复习,学生的知识由模糊变清晰,知识点由零散到整体、孤立到系统。在新课标背景下,英语教学要改变死记硬背的"填鸭式"教学,英语教师必然要转变教学观念,在传授语言知识技能的同时,培养学生的语用能力,引导学生树立正确的价值观,培养学生的英语学科核心素养。高考英语试题充分体现了高考的动向。教师应深耕教学,对有关试题的命题规律进行研究,并预测命题趋势;应全面复习,抓住重点,突破难点,以点带线,以线带面,有的放矢,有所突破,帮助学生取得理想的成绩。

参考文献

　　1.黄盛.听力学习策略的分类及训练方法[J].山东师范大学外国语学院学报(基础英语教育),2008(4):30-34.

　　2.教育部教育考试院.2019年高考英语试题评析[J].中国考试,2019(7):11-14.

　　3.教育部教育考试院.2022年高考语文全国卷试题评析[J].中国考试,2022(7):7-13.

　　4.教育部考试中心.高考试题分析:英语分册2020年版[M].北京:高等教育出版社,2020.

　　5.教育部考试中心.中国高考评价体系[M].北京:人民教育出版社.2019.

　　6.教育部考试中心.中国高考评价体系说明[M].北京:人民教育出版社,2019.

　　7.徐浩,孙桐.英语词汇教学[M].北京:外语教学与研究出版社,2019.

　　8.中华人民共和国教育部.普通高中英语课程标准(2017年版2020年修订)[M].北京:人民教育出版社,2017.

2015 年高考英语复习备考建议

　　《2015 年普遍高等学校招生全国统一考试福建省语文·数学·英语考试说明》(以下简称《考试说明》)的整体原则是稳中求新,重视基础,关注学生的基本素养形成;坚持贴近生活、贴近社会、贴近时代,既体现公平性、时代性、开放性、教育性,又体现普通高中新课程的基本理念,体现对知识与技能、过程与方法、情感态度与价值观等课程目标的要求。通过对 2015 年高考英语《考试说明》的学习,笔者进一步明确高考试卷命题趋势,结合个人教学经验,就高考题型进行分析与探讨,以便促教导学。

一、注重基础,狠抓词汇

　　词汇是英语学习的基础,奠定了听、说、读、写的整体高度。"得词汇者得天下",考生根据《考试说明》对要求掌握的词汇进行复习,重点关注 25 个新增词性、40 个高频词。首先,对于这些单词,考生应做到反复诵读,运用自如。其次,根据词汇运用情境不同,大致分为听力词汇、口语词汇、阅读词汇、写作词汇四类。不同词汇有不同要求。对于听力词汇,要求学生做到发音准确、匹配正确;对于口语词汇,则要求发音准确,能进行比较流利的交流或表达;对于阅读词汇,要求做到认读准确、释义无误、正确理解;对于写作词汇,要求学生能做到正确拼写、快速提取、灵活运用。

二、回归真题，明确命题要求

（一）听力

听力是与外国人直接交往中必不可少的一种语言能力，该部分要求考生听懂有关日常生活中所熟悉话题的简短独白和对话。归纳主旨、获取信息、做出判断、理解意图是高考听力的主要考查内容。在日常听力教学中，教师应加强对学生听力微技能的培养。比如：理解所听内容的主旨和要义并进行分析和阐释；获取事实性的信息并对信息进行归纳和整理；听前做预测。

听力试题要求在限定的时间内完成听力测试，学生在平时训练中应养成良好的听力答题习惯——限时答题、及时校对、及时反馈。听力能力的稳定提高有赖于听后的处理措施，教师应引导学生重视错题的回放重听，以及听力文本的回读。在重听错题、回看文本的过程中，学生加深对题目的理解，并积累生词，扩大词汇量。

（二）单选题

单选题考查学生对所学语言知识的掌握程度和辨别分析能力。单选题共有 15 道题，通常考查词语运用、语法知识以及交际用语。在备考单选题的过程中，考生要懂得抓大放小，不做偏题、怪题、难题。

1.词汇搭配与辨析：主要考查名词、形容词、副词、动词（词组）、介词（词组）、连词之间的词义辨析。近几年的高考英语试卷中，词义辨析题举足轻重，考生应多关注熟词生义和一词多义。

2.语法知识考查（见表 5-2）

表 5-2　常见语法知识

高频考点	动词主要考查时态、语态、非谓语动词及动词（短语）搭配与辨析；形容词与副词：主要考查其变化规则；复合句：考查定语从句关系词的选用、主语从句；特殊句式：强调句、it 的用法、倒装句、反意疑问句等
选择性考点	冠词、代词、主谓一致、虚拟语气等

3.情景交际

在高考英语情景交际题的考查中，考生依照交际的基本要求进行答题。其基本要求是：委婉、有礼、得体、连贯，符合文化习惯。

（三）完形填空

近几年，福建省完形填空题的考查语篇多以夹叙夹议文章为主，主要考查学生的语言知识和语言运用能力。完形填空题以单词填空为主，短语或词组填空为辅。完形填空题的文本千变万化，但不变的是对词汇、短语的考查。要做好完形填空题主要取决于以下两点。首先，考生应该读懂文章，掌握大意。在阅读过程中，考生把自己置身于故事之中，顺着作者思路，理清故事情节，抓住情感脉络，了解文化背景及生活常识，才能选出最恰当的答案。其次，综合运用词汇和语法知识，尤其注重对词义的准确理解。考生在完成答题之后可以运用代入法验证选项正确性，即将选项代入原文进行回读。

（四）阅读理解

阅读是考生接触英语、了解英语国家文化、培养跨文化交际意识的主要途径，是高中英语教学和测试评价的重点。《普通高中英语课程标准（实验）》指出：高中生能阅读一般的英文报刊，从中获取信息；能阅读一般英文原著，抓住主要情节，了解主要情节，了解主要人物；能读懂各种商品的说明书等非专业技术性资料；能根据情节及上下文猜测不熟悉的语言现象。

阅读理解题的篇章通常选用地道的英文素材，内容丰富，富有哲理和文化内涵，具有教育意义。阅读理解题有 20 道题，共 40 分，主要包括六类题型——细节理解题、主旨要义题、判断推理题、文本结构、观点态度题、生词猜测题。在历年高考英语阅读理解题中，细节理解题所占比重最大，比例达到 50%。因此，考生应重视细节理解题的解题方式。细节题主要考查考生对文章具体事实和细节的理解能力。不同学习程度的考生该怎样备考阅读理解题？对于尖子生而言，应避免盲目刷题，阅读过程中注重分析解题思路，以此提高思维品质。中等生则应掌握长难句分析方法，攻克长难句。对于后进生，则应努力消除词汇、语法障碍等。在解题过程中，建议考生沿着作者思路逐步深入思考问题，避免过多添加个人主观色彩。

（五）短文填词

在短文填词题的备考过程中要多关注基础词汇和习惯搭配。比如：名词主要考查名词可数、不可数，可数名词单复数。形容词、副词主要考查两者的区别及其比较级和最高级。动词是句子的"灵魂"，主要考查其时态、语态及非谓语动词。学生务必掌握不规则动词变化表。同时，教师引导学生树立词块意识,注重词的搭配组合,比如动词词组、介词词组、名词词组、形容词词组和副词词组。

(六)写作

写作是四项语言技能中不可分割的一个重要部分,是语言生成能力的重要表现形式。考生应做到:

(1)读题仔细,审题认真。圈画关键词,按照写作要求进行文章构思,以保证写作围绕主题,不"跑偏"。

(2)要点齐全,内容完整,层次清楚,详略得当。覆盖所有内容要点至关重要,考生要谨记"踩点给分"。

(3)词汇丰富,句式多样。考生要做到准确识记基本句式及常见话题短语。同时储备高级词汇,灵活运用复杂句式。

(4)卷面清楚,书写工整。这有利于阅卷老师把握文章结构,读懂文章大意。

三、结束语

高考英语复习备考是千头万绪的。学生首先要重视基础知识复习,整理知识点,构建知识网。其次,查缺补漏。通过整理试卷错题和对考题的深度思考,学生找到"漏洞"并及时加以弥补。再者,重视优质题源,包括高考真题、各地市模拟试卷及优质报刊。与此同时,教师应引导学生关心时事及热点话题,积累课外知识。学生如果在考试中遇到相关话题的文章,就会有更多背景知识和相关话题词汇的储备,这有助于学生更好地答题。最后,做好心理调整。越是临近高考,考生越要保持冷静。不管前面考得如何,考生要做到全力以赴,认真对待英语考试,保证基础题不丢分,中档题少丢分,争取最好的考试结果。

参考文献

1.福建省教育厅.2015普通高等学校招生全国统一考试福建省语文·数学·英语考试说明[M].福州:福建教育出版社,2015.

2.中华人民共和国教育部.普通高中英语课程标准(实验)[S].北京:人民教育出版社,2003.

研读英语考试说明 探讨高考复习策略

——2012 年高考英语复习备考建议

2011 年是福建省实施普通高中新课程高考改革方案的第三年,《2011 年普通高等学校招生全国统一考试福建省（英语）考试说明》（以下简称《考试说明》）作为 2011 年福建省高考英语命题的依据,努力体现"坚持改革、稳步推进,突出思想性,注重科学性,重视基础主干知识,强调科学能力、素养,关注学科知识与社会、生产、生活的联系,重视规范性和公平性"等基本原则。《考试说明》细化了考试大纲对考试的知识内容和能力的要求,规定了考试科目的考试形式与试卷结构,呈现了试题的题型,并对题型示例做出具体说明。总的来说,2011 年《考试说明》命题原则与 2010 年保持一致,充分体现"平稳过渡"的原则,考试内容没有大的变化。

2011 年的《考试说明》值得关注以下三点:第一,词汇微调。首先,根据福建省实际情况,对课程标准附录词汇表中的七、八级共约 3 500 个单词调整为七级词汇约 2 500 个,八级词汇约 650 个以及数词、月份、星期、主要国家名称等词汇,总计约 3 200 个单词;其次,2010 年命题要求的阅读理解部分为"阅读材料中影响考试理解的生词应标注出汉语意思",2011 年为"阅读材料中出现本《考试说明》词汇表以外的单词（除人名、地名等）,应标出汉语意思"。第二,考试范围。2012 年高考英语为福建自行命题。从题型来看,各大题要求如下（见表 5-3）。第三,试卷结构与难度。试卷由第一卷和第二卷两部分组成,其中第一卷包括三部分,为选择题;第二卷为非选择题。英语试卷的难度值设定为 0.6 左右。试题以中档题为主,易、中、难试题的比例约为 3：5：2。针对以上几个关注点,笔者认为在高三英语复习备考中应当注意以下问题。

表 5-3　考试范围

题型	命题要求
听力部分	采用全国卷
单项填空	重点考查特定语境中语法和词汇知识的应用
完形填空	选择适合考生进行语篇分析的语言材料,确保有较好的区分度
阅读理解	五篇阅读总词汇量(含文章与设题)一般控制在 2 200~2 400 个词之间,测试考生获取、分析和处理信息的能力
短文填词	以实词为主,兼顾其他词类
书面表达	命题题材应贴近考生的认知水平和生活经验,有助于学生正常发挥

一、关注《考试说明》细微变化,把握高考命题方向

教师要结合 2010 年福建省英语高考题及 2011 年福建省质检英语试卷,理解和把握《考试说明》对考点要求的解说、对例题选用的指向和层次要求,以及参考样卷的典型性和每一个考点可能变化的空间。这就要求英语教师应该以《考试说明》为核心,明确高考试卷的命题要求,以此指导日常课堂教学和习题选择。

二、把握命题特点,提高解题能力

(一)听力部分

听力是语言学习的一项重要技能。通过一定量的训练,学生较容易提高成绩。由于播音者带有自己的口音,如果考生平时接触的听力材料相对单一,在高考中听到一些不熟悉的声音,考生可能会产生紧张情绪,从而影响考试水平的正常发挥。

根据《普通高中英语课程标准(实验)》(以下简称《课标》),学生应能在听的过程中克服一般性的口音干扰。因此,教师在听力教学中应加强对学生听力能力的训练,让学生多听不同性别、不同年龄、不同口音的播音者,熟悉不同语音、语调和发音习惯;组织学生定时、定量做听力训练,培养学生的听力专注度、注意力,同时在日常英语教学中坚持使用英语课堂用语组织教学,营造英语学习环境,增加学生接触英语机会,加大语言输入量。

此外,注意以下几个听力技巧:第一,抓主题句、关键词。从题干及选项中快速搜索相关信息以提高答题准确率。第二,识别听力材料的信号词,比如though、but、if、however、until、hardly等词。第三,及时记录听力材料中的重要信息,如人物、地点、时间、数字等。第四,养成习惯,重视试音时间,熟悉播音者的语音、语调及语速。第五,保持良好心态。自信和沉着是考生最大限度发挥自己听力水平的法宝,听力考试"转瞬即逝",考试过程中重在把握大意和重要细节,不要因为漏听一两个单词或听不懂某个句子就紧张,影响心情导致考试失利。

(二)英语知识运用

1.单项填空

单项填空题考查语法和词汇知识在特定语境中的应用,注重语境设置,并保证主干知识的覆盖面;主要考查词汇辨析、基础语法、惯用法和交际用语。2011年福建省质检英语试卷的单项填空题部分,考查了交际用语、介词、(动词、动词短语、形容词、名词、副词)语义辨析、情态动词、定语从句、强调句在宾语从句中的运用以及状语从句的省略。

单项填空题的语境设置更为真实、自然,具有时效性,命题也更为灵活,具有干扰性;考查材料源于教材、源于生活、源于社会。在备考过程中,教师应指导学生对语法进行全面、细致的复习,同时强调学生要善于收集、整理、归纳题目,对于做过的题目,尤其是典型题和易错题,进行及时复习、消化,以达巩固、加深的目的,争取做到"题不二错",做到高效复习。

2.完形填空

完形填空题考查考生的阅读理解能力和词汇的综合运用能力。完形填空题的答题是由已知信息推出未知信息的过程,它要求学生快速浏览全文,从整体把握文章的脉络,把握作者的思维轨迹,以获取最重要的信息。完形填空题由于篇幅较长,难度较大,考生做题时应考虑更充分、更细心、更有耐心。在高三英语复习阶段,教师要加强学生对上下文的理解和词义、词语使用等方面的训练,重视文章的整体性和逻辑性,以正确理解作者在特定语境下的写作意图。

(三)阅读理解

阅读理解题主要考查考生获取、分析和处理信息的能力。所选语言材料题材丰富、体裁多样、语言地道,并且贴近时代,贴近社会,贴近生活。阅读是一种高级的语言能力,它是学生获取更综合、更复杂、更精确信息的必要手段。

阅读理解题涉及内容广,建议学生多阅读报刊中不同题材和体裁的文章,以了解政治、经济、文化、科技等方面的新发展。教师在日常的教学中要指导学生依据《考试说明》进行复习,注重细节理解题、主旨大意题、推理判断题等题型的训练。针对学生相对薄弱的环节,高水平学生注重突破主旨大意题和推理判断题,而对于中等水平的学生,则要重点突破细节理解题,以提高训练的针对性。

良好的阅读能力主要表现为:读得准,读得快,读得清。在复习备考过程中,教师应加强学生观察、推理与综合判断能力的培养。阅读理解能力是提高成绩的关键,教师应注重对学生阅读理解题解题能力的训练。比如:以广告和说明为主题的文章,可以采用"先题后文"的阅读方法,即先看题目,后带着问题读文章。这易于学生把握文章大意,缩短答题时间,提高答题速度。又如:对于词义猜测题,鼓励学生根据上下文进行推测,或根据构词法、定义解释、标点符号等方法进行词义猜测。

(四)写作

1.短文填词

短文填词题是 2009 年出现的新高考题型,考查考生在语篇中综合运用英语语法、词汇及正确拼写单词的能力,重点考查语篇理解和语言表达能力。

短文填词题着重考查基础知识和主干知识,主要考查实词,兼顾其他词类,特别是动词。教师应注重夯实学生的基础知识,比如单词词性互转;熟悉固定词组和常用的语法结构,引导学生根据上下文进行答题。应注重训练的多样性,例如将旧题型短文改错改成短文填空,把书面表达的参考答案设空改成短文填词,或者对听力独白、课文段落或《新概念英语》第二册某些课文进行二次开发,引导学生多读多背优秀短文,逐渐形成语感。

2.书面表达

书面表达是考查学生语言知识综合运用能力的试题,考查考生用书面形式表达思想、情感和传递信息的交际能力。题材贴近考生的认知水平和生活经验,有利于考生水平的正常发挥。课程标准明确规定了优秀高中毕业生的写作能力要求:能用英文书写摘要、报告、通知、信函等;能比较详细和生动地用英语描述情景、态度和感情;能阐述自己的观点、评述他人的观点;文体得当,用词准确;能填写各种表格;能写个人简历和申请表;能做非专业性的翻译。

课程标准对写作的目标描述主要有三个方面:一是写作内容,二是语言要求,三是文体、篇章结构。这也是高中英语写作训练的基本内容。怎样才能达到课程标准提出的要求？教师首先应该就地取材,充分利用教材资源进行写作训练。其次在平时的英语写作教学中,教师应设计各种练习,以提高学生的写作技能。例如:完成句子、用关键词连词成句、连句成段、中英文单句互译、句式仿写、片段仿写等。教师可以采用灵活多样的写作训练方式,比如口头写作,要求学生运用口头语言有中心、有条理地讲述生活经历、描写情景或表达观点;二次使用优秀文章,做摘要、改写或续写等;限时写作,提高学生的应试能力。

写作的进步是需要师生不断付出努力的。要想在考场获得高分,考生必须加强平时训练,做好词汇积累,熟悉常用句型和句式、各种体裁作文的基本框架等。

三、合理利用真题,提高复习实效

相对于其他试卷,各省市高考试卷、质检卷在命题思路、素材选用、情景设置、设问技巧各方面都别具匠心,命题质量更高。其考题能依纲靠本,体现基础,强调覆盖主干,不偏不怪,是命题者智慧的结晶,是教师进行针对性训练的优秀材料,是学生进行模拟考试的不二选择。"他山之石,可以攻玉",教师可恰当运用各地优秀试卷。

与此同时,在高三英语复习备考过程中,教师应加强对学生观察、判断、推理与综合能力的培养。英语试卷不仅考查学生英语语言能力,几乎每一道试题都渗透着对学生思维品质的考查,涵盖记忆、观察、分析、想象、推理能力以及学生文化素质。那些只会死记硬背、不善于综合运用、知识面窄的学生,在高考时往往会出现力不从心的现象。

所谓:学而后知,知而后行。通过学习《考试说明》,教师更新教学理念和改进教学方法,也更加明确训练方向,提高教学效率,可以更好地指导学生进行高三英语复习备考。

参考文献

1.福建省教育考试院.普通高等学校招生全国统一考试 福建省语文·数学·英语考试说明[M].福建:福建教育出版社,2011.

2.中华人民共和国教育部.普通高中英语课程标准(实验)[S].北京:人民教育出版社,2003.

高考英语语法填空题动词考点分析和解题思路

高考英语语法填空题主要考查学生的阅读能力和词法、句法的语用能力，这要求学生不仅要有一定的阅读能力，更要熟练掌握语法知识。语篇型语法填空题具有任务真实性强、对中学英语教学产生良好的反拨作用、有助于高考英语试卷继续保持较高的信度、可以增加试卷中题型的多样性的优点而获得试卷设计人员的青睐（刘庆思等，2013）。

一、语篇填空题题目解读

语篇型语法填空题的考查形式为在一篇 200 词左右的短文中留出 10 个空白，部分空白要求考生根据所学语言知识和篇章语义之间的逻辑关系填入 1 个适当的单词；部分空白的后面给出单词的基本形式，要求考生根据英语单词的派生或曲折变化规则填入所给单词的正确形式。考生须灵活运用语法知识，如单词词性、动词时态、名词单复数、连接词、代词、冠词等判断各空白处应填写的内容，填写后的短文结构完整，意义连贯，句法和词法形式正确。

语篇填空考查考生在理解文章主旨大意的基础上，对语法、词汇和语用知识的掌握情况，10 个空设置为有提示词和无提示词。其中 6 至 7 个有提示词，考生根据句意填入恰当的词，确保语义、语法正确；无提示词，考生需要根据语义、行文逻辑填空。从近几年高考来看，语法填空有 4～5 空是考查动词用法，本文重点讲解提示词为动词时的解题思路。

二、语篇填空题动词考点分析及解题思路

(一)动词主要考查内容(见表 5-4)

表 5-4 动词主要考查内容

类型	具体内容
动词词性转换	动词转换为名词的词汇知识 动词转换为形容词的词汇知识
谓语动词	主要考查时态、语态及主谓一致 时态主要考查一般过去时、现在完成时、过去完成时等,以及各自的被动结构
非谓语动词	考查不定式、动名词及分词(现在分词、过去分词)

(二)解题思路

真题回放 1:

But for tourists like me, pandas are its top ____6____ (attract).

(2016 年全国乙卷)

考查目的:本题考查动词的词性转换,以考查考生对动词转换名词的掌握情况和运用能力。

解题过程如下:

第 1 步:通读整个句子,本句为 its(代)+top(形容词)+?

第 2 步:根据代词+形容词+名词的结构,判断此处需填写名词。

第 3 步:attract 的名词为 attraction,故此处答案为 attraction。attraction 意为吸引人之物,有魅力的东西。top attraction 意思是最具吸引力的事物。

拓展:tourist attraction:旅游景点

   the main attraction:最吸引人的地方

   attract(*vt.*)- attractive(*adj.*)

   an attractive young woman 妩媚动人的年轻女子

真题回放 2:

It was raining lightly when I ____61____ (arrive) in Yangshuo just before dawn.

(2016 全国新课标Ⅱ卷)

考查目的：本题考查考生对动词充当谓语的掌握情况和运用能力。

解题过程如下：

第1步：考生观察整个句子，思考本句是考查谓语动词还是非谓语动词。该句无谓语动词，可以判定 arrive 在本句做谓语。

第2步：I 和 arrive 之间为主动关系，用主动语态即可。

第3步：根据上下文，此处说的是作者在过去某个特定时刻（just before dawn）到达阳朔，因此要用动词的过去时态。

注意：arrive 过去式是 arrived。

真题回放 3：

Yangshuo _____67_____ (be) really beautiful.

（2016 全国新课标Ⅱ卷）

考查目的：本题考查考生对 be 动词的掌握情况和应用能力。

解题过程如下：

第1步：通过分析，本句是对阳朔的一般性描述，因此应使用一般现在时进行表达。

第2步：在主语是第三人称单数的情况下，be 动词一般现在时的形式为is，此处答案应为 is。

真题回放 4：

I heard a passenger behind me shouting to the driver，but he refused _____（stop）until we reached the next stop.

（2016 全国统考样卷）

考查目的：本题考查考生对动词不定式搭配的掌握情况和运用能力。

解题过程如下：

第1步：考生观察整个句子，该句已有谓语动词，所以 stop 做非谓语。

第2步：refuse 的搭配是 refuse to do。

第3步：根据上下文，此处说的是他拒绝停下，因此答案为 to stop。

真题回放 5：

A study of travelers _____68_____ （conduct）by the website Trip advisor names Yangshuo as one of the top 10 destinations in the world.

（2016 全国新课标Ⅱ卷）

考查目的：本题考查考生对动词的过去分词用作后置定语的掌握情况和运用能力。

解题过程如下：

第 1 步:考生通过分析句子结构,可知本句已有谓语动词 names,那么 conduct 在本句充当非谓语。

第 2 步:根据短语 conduct the study,study 和 conduct 之间形成被动关系,或根据介词 by 在本句表示被动的含义,得出此处用被动的结论。

第 3 步:综合上下文,此处的意思是"Trip advisor"网站对游客进行的调查。

conducted 担任后置定语,用以说明和限定前文中出现的 a study of travelers。故此处答案为 conducted。

真题回放 6:

Abercrombie & Kent, a travel company in Hong Kong, says it regularly arranges quick getaway here for people ___70___ (live) in Shanghai and Hong Kong.

(2016 全国新课标 II 卷)

考查目的:本题考查考生对动词的现在分词用作后置定语的掌握情况和运用能力。

解题过程如下:

第 1 步:通读全句,考生可以较容易判断出 say 在本句做谓语动词,而 say 后的宾语从句也有自己的谓语动词 arranges,因此 70 题 live 做非谓语动词。

第 2 步:判断 people 和 live 之间是主动关系。

第 3 步:根据语境,此处的意思是"生活在上海和香港的居民",living 担任后置定语,用以修饰该词前面的 people 一词,故答案应为 living。

三、语法填空动词题备考建议

通过真题回放,考生更好地了解了语法填空中提示词为动词的考查内容。考生在语法填空题动词的备考中首先需积累并牢记动词转换为名词的词汇知识,如 expose-exposure、expect-expectation、devote-devotion、believe-belief 等,以及动词转换为形容词的词汇知识,如 astonish-astonished、depress-depressed等。其次,动词作谓语,考生应牢记常见时态及其被动结构,并能进行准确运用。比如,过去完成时的结构为 had done,其被动式为 had been done。再有,动词作非谓语动词,包括三种形式,即动词不定式、动词 ing 形式、分词形式。对于动词不定式和动词 ing 形式,考生应熟记常见的后接不定式形式的动词,如 pretend、determine、offer 等。动词后接动词 ing 形式的,如 admit、avoid、appreciate、escape 等。而对于分词,考生应学会读懂文本,善于分析句子结构。语篇填空动词题是考查的重难点,在日常教学中,教师应不断引导学生关注动词词组的表达习惯,以达到灵活运用的目的。

参考文献

刘庆思,程蒙蒙.关于高考英语科启用语篇型语法填空题的研究[J].中小学外语教学(中学篇),2013,36(11):1-5.

第六章

教育研究

新课程背景下的英语教研组建设

教研工作是保障基础教育质量的重要支撑。在新课程实施过程中,漳州一中英语教研组(以下简称"教研组")始终在课程开设、课堂教学、校本教研、教学常规落实等方面探索有效对策,改进教研工作,以提高教学教研水平。

一、以核心素养为导向的课程开设

围绕福建省教育考试院发布的《福建省教育厅关于普通高中课程设置与管理的指导意见》,教研组组织专题研讨以加强教研组教学理论学习,尤其是熟悉课程结构。《普通高中英语课程标准(2017 年版 2020 年修订)》(以下简称《高中课标》)指出:普通高中英语课程由必修、选择性必修、选修三类课程构成,这充分体现普通高中英语课程的基础性、多样性和选择性等特点。所有高中学生都需修习必修课程,选择性必修课程是有升学要求的高中学生必须修习的课程。在日常英语教学中,根据校情与学情,教师可适当选用选修课程,作为拓展和提高类课程。

二、关注课堂教学,做好提质增效

教育改革的核心是课程改革,课程的关键在于教师。教师是课堂教学永远的主导者。英语教研组老师们爱岗敬业,认真钻研,潜心育人,勇于探索,奋发前行。

(一)落实双减政策,提高课堂效率

全体教师聚焦课堂,优化课堂教学具体环节,将课堂结构规范化。教师重视通过课堂教学培养学生的自主、合作、探究等学习方式,向课堂要效率出效果,不断提升教学效能,努力打造高效课堂。

坚持教研常态化。教师每两周参加一次组内教研,每周参加一次备课组活动。认真做好主题教研活动和组内二次培训,比如"新课标新教材新高考"学习。加强听评课活动,做到互听互评,相互学习,共同进步。落实"三定、六备、五统一"。三定:定时间、定内容、定中心发言人。六备:备课标、备教材、备学情、备教法、备学法、备信息。五统一:统一进度、统一目标要求、统一重难点、统一检测考试、统一练习资料。

(二)加强教育教学队伍建设,提高专业素养

1.重视新教师培养

截至 2022 年,英语教研组新入职教师(工作未满 5 年)共 9 名,占比为 28%。新教师培养是教研组保持活力的关键,以"一年合格、三年优秀、五年骨干、十年名师"为培养目标。不同年级的新教师的工作内容侧重点有所不同(见表 6-1)。

表 6-1　新教师工作内容重点

年级	工作重点
高一	认真参加岗前培训,并做好个人规划和个人成长档案。落实好新老教师结对子,重视夯实教学基本功,开好新教师汇报课,以阅读课、听说课课型为主。借助汇报课,写好教学设计、熟悉不同课型特点并写好汇报课简报。在日常教学中,认真听课,做好评课,写好教学反思。
高二	进一步学习各种教育教学理论,争取在原有课型的基础上,对不同课型进行大胆尝试,比如词汇课、语法课、写作课等。
高三	重点突破复习课、练习课和讲评课。对阅读、写作的授课有思考,不断形成自己的授课风格,做到教学有法,不断提升自己教学能力和专业水平。

不同课型有不同的教学目标、教学要求和一般的授课流程,新教师需要在英语教学中不断实践、总结、反思并改进,才能更快成长。

2.重视公开课

公开课有鲜明的主题、明确的任务,为教师展示教学理念、教学水平和交流教学经验提供了良好的平台;公开课在教师专业成长、学术研究、创新示范、

资源分享等四个方面有着不可替代的作用。公开课包括新教师汇报课、骨干教师示范课、送培送教示范课、区域教研研讨课等。通过各级各类公开课,教师能够进一步磨炼教学能力,更新完善教学理念,促进自身专业成长。

3.重视信息技术与英语课堂教学融合

《高中课标》指出:高中英语教材要积极渗透信息技术在英语教学中的应用,以推动信息时代背景下英语教育教学的改革。教师应充分利用信息技术,熟练使用教学软件,使其更好地为课堂服务,实现高效教学。比如国家教育资源公共服务平台为教师提供了丰富多样的教学资源,为开展多种形式的教学提供了支持,教师应充分利用。

三、优化校本教研,促进教师发展

教师是教育教学研究的主体,是整个教育创新的活力所在。为了提高教研组的教育教学质量,教研组鼓励组内老师从学校的实际出发,加强校本教研,以此提高教师教学研究的意识和能力。

(一)重视教师个人学习,提高自身专业素质

强调教师个人对《中国高考评价体系》《高中课标》的学习,督促教师认真领会课标精神,转变教学观念与方法,以期用好新教材,从基础做起,点滴培养学生的核心素养。根据学校布置的研学主题(见表6-2),教师需写好校本研修心得。

表6-2 研学主题

时间	主题
2021年3月	教师"核心素养与学科教学"主题研学
2021年9月	信息技术2.0应用能力提升
2022年2月	校本课程资源开发与有效利用
2022年9月	"基于学科核心素养的教学评"主题研学

(二)强化研究意识,提高教科研能力

通过各方推进与全体教师的努力,教研组课题在质量和数量上有较大进步,目前教研组共有四个省级课题。同时重视将科研成果转化为教学实践的

具体行为,以促进教育教学质量提升。鼓励组内老师认真参加学校举办的优秀课题汇报评选会,并将学习新课标、新教材、新高考的心得体会或成果撰写成文,向校刊《芝山教育实践》或其他各级各类刊物投稿。

(三)开设校本选修课,拓展学生视野

《高中课标》指出:学校应鼓励有条件、有较强学科知识和教学能力的本校英语教师,结合课程标准建议的选修课程,充分利用校内外资源开发校本课程。根据课标推荐的选修课程,英语教研组开设的选修课程见表6-3。

表 6-3　教研组选修课课程

课程	课程名称	备注
基础类	1.高中英语基础语法:精讲精练 2.英语基础听力与语法 3.在语境中学习高考基础词汇和语法 4.高考英语读写结合巩固课程	为完成必修课程有困难,需要补习基础知识与基本技能的学生开设。
实用类	1.中国传统文化及其翻译	为有兴趣的学生开设。
拓展类	1.跨文化交际与英语学习 2.英语视频欣赏与配音 3.英美文学名著简读本阅读与欣赏 4.英语国家社会与文化 5.Words and Their Stories	为有意愿拓展兴趣、发展潜能和特长的学生开设。
提高类	选修课程	为学有余力或有意报考外语类院校以及具有特殊发展需求的学生开设。
第二外语类	1.日语入门课程 2.西班牙语入门	为有意愿学习另外一门外国语的学生开设。示范建设高中原则上应至少开设一门第二外语供学生选修。

未来教研组将更重视选修课程的开设,课程的选择、设计和实施应体现针对性、实用性和选择性,即根据学校的自身特点和实际需求、根据学生的实际情况和英语水平、考虑学生的个性和潜能发展,不断完善,确保校本课程的开放性和可持续性。组织教研组老师参加学校组织的精品选修课评选并继续开展研讨,促进教师从课程执行者到课程开发者的角色转变,形成英语教研组特色。

(四)发挥学科特点,开展多种形式的英语实践活动

根据本校实际情况,举办有利于提高学生语言运用能力的英语学习活动。比如,开展学校英语配音比赛、演讲比赛、英语书法比赛等积极向上的活动;学校成立英语社团,定期开展活动;请外教老师介绍英语教学方法,组织英语沙龙等。

四、落实教学常规,助力教学提升

(一)重视教学常规培训

组织组内老师学习《福建省教育厅关于进一步加强普通中小学教学常规管理工作的指导意见(高中版)》和《漳州一中高、初中教学管理条例》,并以"质量分析促反思,立足常规提质量"为主题进行研讨。关注新常规特点和变化:一是将立德树人要求贯穿始终。二是关注课程标准和学科核心素养要求,确保学生达到国家规定的学业质量标准要求,突出教学常规服务教学质量这一核心要求。三是突出新时代课堂教学新要求。尤其在教研方面,除传统的常规教研和听评课外,增加课堂观察、教学反思和教学研修的要求。四是继续深化教育评价改革。通过主题研讨,教师更加明确教学、教研工作的具体要求,进而更加规范科学地进行教育教学工作。

(二)落实教学常规检查

(1)检查内容。学期教学常规检查包括教研组活动记录、备课组活动记录、教案、听课记录、学生作业等。

(2)检查要求。比如:能较详实记录备课组活动内容,体现学科核心素养及新课标新教材新高考。再比如:更规范更科学合理的教案设计。

(3)检查反馈。学生作业整体完成度较高。教师按照要求进行规范批改,有批阅时间、批阅等级及批语。教师批语既要考虑有效性,也要有针对性。在肯定学生优点的同时,也指出他们存在的不足。针对各班学生作业上交量存在差异的情况,教师要进一步强调、引导学生做好作业并及时上交。

通过老师们的不懈努力,英语教研组取得了一些成绩:组内教师的课堂教学曾获评"一师一优课"部级、省级、市级优质课,同时,组内教师还获得精品课比赛福建省一等奖、福建省中小学学科德育精品项目福建省一等奖、漳州市第

五届中小学技能大赛一等奖等。在未来教学教研工作中,英语组老师将继续加强基础理论学习,深入研究学生学习和成长规律,以更好地服务学生全面发展,提高学生综合素质。

参考文献

1.福建省教育厅.关于进一步加强普通中小学教学常规管理工作的指导意见[Z].2020.

2.方仙来.新课改背景下公开课的问题及认识[J].教学与管理,2022(4):33-35.

3.何成刚.坚持、完善和发展中国特色基础教育教研制度:《关于加强和改进新时代基础教育教研工作的意见》解读[J].基础教育课程,2020(1):21-27.

4.中华人民共和国教育部.普通高中英语课程标准(2017 年版 2020 年修订)[S].北京:人民教育出版社,2017:112-116.

5.中华人民共和国教育部.关于加强和改进新时代基础教育教研工作的意见[EB/OL].(2019-11-25)[2022-12-12].http://www.moe.gov.cn/srcsite/A06/s3321/201911/t20191128_409950.html.2019.

2012 年福建省高中英语学科教研组长高级研修班交流发言

——以漳州一中英语教研组为例

水尝无华,相荡乃成涟漪;石本无火,相击而发灵光。

教学研究组是教学研究组织,它的任务是组织教师进行教学研究工作,以提高教学质量。简言之:教研组是教师的教学科研组织,肩负教学、教研、管理三重职能。作为一个整体,漳州一中英语教研组(以下简称"教研组")在教研、教学中发挥群体优势,采用集体备课、听课、评课,创建学科资源库等方式,共同协作,共同进步以提高本学科的教学质量。新的学年,我们将进一步加强教研组建设,形成讲学习、讲合作、讲提高的作风,以打造优势学科团体。

一、制定教学目标,明确教学重点

根据英语学科特点和高中学生心理特点,制定教学目标,明确各学段教学关注重点,全面规划三年的教学工作。

高一是高中教育的起始阶段。借鉴"低起点、小台阶、多重复、重落实"的做法,做好初、高中英语教学衔接。通过举办英语书写比赛、朗诵比赛等活动,引导学生重视英语语音和英语书写。与此同时,注重培养学生学习兴趣、端正的学习态度、良好的学习习惯及正确的学习方法。

高二是高中教学承上启下的年级。学生的高二英语学习与初中初二学习略有相似,成绩呈两极分化状态。在教学上,教师应加大语言输入与输出量;加强学习策略培养,使学生掌握行之有效的学习方法。同时与学生多交流,多鼓励、多督促学生;做好选修课和英语竞赛课安排,重视培优补差辅导工作,做到抓两头、促中间。

高三年段是高中教育的收官阶段。工作的重心是教师加强高考英语的复习研究,引导学生对知识点进行归纳、整理、系统化;提高综合语言运用能力,以提高高考成绩。平时练习与阶段考试应具有针对性,分时间、分步骤解决学生学习存在的问题。同时做好考后诊断分析工作,找出问题,拟定措施,逐步实施,不断调整、改进、优化措施,强化质量监控和教学指导。

二、立足教学常规,提升课堂效益

(一)做好教学教研,提高理论水平

以研促教,积极开展课题研究和研究性学习。首先,重视课题研究。本学年课题分别为:高三年级"四位一体的教学实验"课题,高二年级是"英语报刊与现行中学英语教材的差异性和互补性研究"课题,高一年级课题则为"高效课堂课题研究"。教研组老师通过课题研究,将教学实践与教育理论相结合,不断反思探索。同时鼓励教师将教学体会、教学经验、教学设计撰写成文,以此促进教师专业成长,提高综合素质。

其次,做好研究性学习。研究性学习是培养学生实践能力和创新精神的有效途径。在总结先前开展英语研究性学习经验的基础上,拟出新高一和高二的研究性学习新课题。

(二)优化活动内容和形式,提高教研效能

1.积极开展教研活动。根据新课程标准和学科特点,从教师业务水平出发,开展多种形式的研修活动。教研活动要有翔实的记录,这样既有益于进一步完善资料,又有助于理清思路,开展工作,提高教研活动的有效性。加强学科教学重点课例的研讨,形成高效课堂教学的样式,以寻求最佳教学方法。抓好课堂教学,发挥指导、监督、激励功能,以提升教师教学能力。及时总结教改中的新经验、新做法并做好交流学习,以提升教师专业素养。组织教师认真研究近几年的英语高考题,钻研大纲和教材,研读考试说明,精进教法和学法。发动全组老师的力量,团结协作,收集材料,既丰富本学科教学资源,也减轻教师教学负担,实现相互促进,共同提升。

2.落实备课组活动。集体备课是教师合作研讨的有效形式,既要明确分工,又要团结合作。备课活动做到"四定":定时间、定地点、定主讲人、定主题。备课组要有具体的学年活动计划,并在备课组长带领下进行集体备课,做好备

课活动记录。教师要重视个人的二次备课和教学反思,形成具有针对性、适时性与个性化的教学风格。

三、加强教师队伍建设,突出协同推进

(一)重视新教师培养,夯实教研组发展后劲

新教师以"一年入门,两年上路,三年成熟,五年成才"作为培养原则,不同年级新教师,培养内容、方法不同。首先要求新教师做好三年规划。高一新教师要重视教学基础,上好第一堂课、开好第一次汇报课,通过汇报课,提高自身教学能力。高二新教师争取在原有基础上做到有突破,通过同课异构,展示各自风采。高三新教师要重视对复习课与讲评课的课例学习、研磨,做到教学有法,提高讲评课效率。

(二)落实师徒结对活动,助力新教师成长

师徒结对活动旨在让新老教师取长补短,互相促进,共同提高教学水平。指导教师做好"传帮带",帮助老师们解决教学中的难题;新教师注重同伴的"陪助促",同行互助,共同进步;新教师注重自身"学练思",学习思考,不断完善。落实好新老教师结对子,鼓励新教师进行同年级、跨年级或跨学科的听课学习并做好评课议课。

四、重视学生活动,促进学生素质均衡发展

(一)积极参加英语比赛,提高英语能力

积极组织学生参加英语比赛,培养学生语用能力,让学生拓宽视野,提高思维品质。比如,组织学生参加"外研社杯"全国中学生外语素养大赛、中国日报社"21世纪杯"全国英语演讲比赛、模拟联合国比赛等。

(二)开展英语课外活动,丰富学生生活

丰富的英语课外活动有助于激发学生学习热情、培养学生的语言能力及

提高学生综合素质,比如英语书法比赛、英语演讲比赛、单词拼写比赛、写作比赛等。依托学校艺术节,拟举办英语歌曲演唱比赛或英语影视配音比赛。

参考文献

潘云芸.新课程背景下中学教研组建设之策略研究[D].苏州:苏州大学,2010.

第三部分
教 学 漫 记

第七章

教学随思

抄写:旧貌换新颜

读到黄远振老师的一段话:外语之"写",并非严格意义上的写作,而是指抄写、听写、仿写等,逐步从书写字词、书写句子、阅读批注,发展到书面表达。这些写可称为"读写",都是"读"后所留下的痕迹,是通往"写作"的必经桥梁。我不禁掩卷沉思。

书写字词、书写句子、阅读批注可称为读写,与"写作"是息息相关的。原来是我把写作想得太高大上了,如不食人间烟火的仙子一般,其实它是如此接地气。读完老师这一段话,我进一步思考:抄写、听写、仿写是三种不同活动,但最终都落到一个"写"字上,那么,什么是抄写、听写、仿写? 为什么要抄写、听写、仿写? 怎样做抄写、听写、仿写? 这篇文章首先说抄写。

抄写是什么? 抄写意为按照原文写下来,从文献、文章等资料中,将语言优美,值得品析的词语、句子、段落抄写到本子上,闲暇时拿出来翻阅。林语堂《苏东坡传》中有一段话说:"最努力苦读的学生竟会将经书和正史抄写一遍,苏东坡读书时也就是用这种方法。……因为将一本书逐字抄写之后,对那本书所知的深刻,绝非仅仅阅读多次所能比。"跨越千年,两位大文豪对抄写的评价竟有如此高度的默契。

抄写有何妙用? 明人吴应箕的《读书止观录》谈到抄写有三大好处:一是可以加深记忆,增强学生朗读能力。二是能够约束肆意放散之心,亦可校正书里错别字。三是经常抄写对精进书法大有裨益。今人虽少练习书法,但对书写应该也是有帮助的。在英语教学中,经常有学生抱怨单词记忆不够准确,有时甚至出现提笔忘词的现象。教师可以建议学生采用抄写的办法来提高单词记忆的准确性。我认为,抄写是一种行之有效的写作训练方法,教师可以在平时教学活动中有意识地指导学生进行抄写。但是,仅仅课内抄写是远远不够的,应将抄写内容延伸至课堂之外。不积跬步,无以至千里;不积小流,无以成江海,抄写应成为终身学习的方法,成为一种习惯。

那么,怎样进行抄写? 第一,养成抄写的习惯。不限数量、形式自由地摘抄,这有利于培养学生的兴趣,使学生养成抄写的习惯。第二,重视抄写内容的选择,抄写优美、有意义或有哲理的语句。具体来说,就是教师引导学生在阅读过程中,摘录文中重要的语句、精彩的段落或精辟的论述等。第三,将抄写内容与课堂教学有机地融合在一起。抄写内容既可以选择同主题,也可以选择同体裁的材料。抄写不仅锻炼了学生的书写能力,也使他们在抄写过程中,静心感受句意流畅、言辞之美,以此加深对文章的理解。

如果我们在英语教学中有意识地指导学生进行词、句、段、篇的积累,久而久之,学生的英语水平必然会有所提高。语言的进步在于点滴积累,他日,下笔之时虽未必能奔驰放达,但能记己所想,写己所思,实为人生幸事。学生若有受益于此,养成抄写好习惯,那真的是为师之幸。总之,抄写既能扩展学生视野,又能成为教师教学的好帮手。

参考文献

陈小萍.中国传统教学法对现代大学英语教学的启示[J].长春理工大学学报(高教版),2009,4(6):162-163.

听写:听出新花样

听写,一人,一桌,一纸,一笔,一嘴而已,简单、快捷、高效!

什么是听写?听写是学习语言时一种强化记忆的方式。学生一边听老师念词语、句子或电脑上的音频、视频,一边用笔在本子上把自己听到的内容写下来。听写分为两部分,首先是大脑对听到的信息进行处理、归纳,其次在规定时间内快速写下来,即先听后写。听写能力是生活中必不可少的一项基本技能,但是在英语教学中,作为输入型技能的"读"往往得到教师和学生更多的关注,而听的能力没有得到更多的关注,这导致大多数学生的听力理解能力相对较差,对信息的吸收和交际能力的培养也产生了消极的影响。

近几年汉字听写大赛如火如荼地进行,感觉听写犹如呼吸一样自然,司空见惯,便也不问其来由。教师对于听写是情有独钟的。学中文时,老师各种听写,字、词、句、篇轮着来;学英语时,老师也是这般。当我成为英语老师时,我也不假思索这么做着。那么,为什么要进行听写?

这个问题突然就把我梗住了。只是因"听"的霸主地位?不管是以前的听说读写,还是如今的听说读看写,"听"始终雄踞英语基本技能之首?还是因为听力在试卷中的位置?不管风云变幻,我自岿然不动,牢牢锁定试卷第一大题的显赫位置,有着"得阅读者得天下"美誉的阅读也只能屈居第二。抑或是因为没有听的输入,何来写的输出?

听写有何妙处?其一,不论课堂规模多大,教学上都可进行听写,这种教学方法适用不同层次的学生。其二,听写可以及时检测学生的词汇量和语法知识。其三,听写可以提高学生听力理解能力,包括语言的感知与辨音能力。

既然听写有这么多好处,我们选择什么样的听写材料?教科书可作为第一选择,比如进行阶段性的单词、词组、句式考查,重点突出,能对学生进行适时的学习效果检测。可以从报刊,还有网上海量的音频、视频中搜寻名人名言、歌曲、诗歌等,从中挑选出适合学生的听写材料。

听写材料有了,我们不妨再想想:听写什么内容好呢?第一,听写单词。

单词听写能让学生把音、形联系起来,以促进听音辨形。这就是为什么英语老师常说,能听能说就能写。第二,听写词块。词汇组块承载着交际功能和语用功能,对词汇的掌握、阅读能力和语言综合运用能力的提高有着重要的影响。为了让听写更具有目的性、时效性,可以指定范围进行测试。第三,听写句子。通常所选句子具有半固定表达,一般为非连续的结构性短语,如 What matters is …; As we know …; On one hand …on the other hand …半固定表达的句子常用于口语及书面中。第四,听写篇章。可选择单元课文概要、听力独白、高考作文等。课文概要涵括本单元重要单词、词块、句型及重要信息;听力独白话题丰富,贴近学生实际生活;高考作文指向性明确,能够服务写作。

听写能使学生对语音的美感有直观的认识,如升降调、重弱读、连读、不完全爆破等。老师也可通过听写对学生的语音、词汇、语法能力进行检测。总之,听写有助于提高学生拼写能力,增强学生的听力和口语表达能力,进一步培养学生的阅读和写作能力。除此之外,亦可以提升学生使用标点符号的能力。未来如何让听写这种传统教学方法旧貌换新颜,仍需我们不断总结和探索。

参考文献

刘沙沙.元认知策略在英语听力教学中的应用:以英语专业四级听写为例[J].中国高新区,2018(1):49-50.

仿写：仿出新天地

什么是仿写？模仿写作简称仿写，是指模仿特定的句子或者模仿所给的写作语段等，其中以仿写句子最为常见。

那么，仿写有何作用？关于模仿的重要性，茅盾先生曾说，模仿是学习的最初形式。孩子牙牙学语始于模仿成人的语言；书法绘画皆有临摹；仿生学始于模仿自然，这就是所谓的"师法自然"。模仿是人类学习活动中重要的一种形式。而在这个过程中，人类实现了从模仿到创造的质的飞跃。仿写，对初写者而言，即通过大量模仿使用频率高的词汇和句型进行学习，学习者实现了从被动学习到主动学习的转变，从而获得自主写作的能力。仿写是独立创作必不可少的阶段。由此可见，仿写对于写作水平的提高具有重要的意义。

怎么进行仿写？

第一，选择合适的仿写材料。教材的单元句式、语段或语篇皆可作为仿写材料。

第二，引导学生观察仿写材料。例如：*There's nothing we can't* handle *as long as* we stick to it.教师指导学生分析词语和句子的结构，然后从例句中提炼两个重点句式：

There's nothing we can't …　　　　没有什么是我们不能……的。

… as long as …　　　　　　　　　　只要……

通过拆分句子，学生就可以进行补全句子的模仿。

拓展：*There's nothing we can't* …

Sentence 1：There's nothing we can't do.没有什么是我们做不了的。

Sentence 2：There's nothing we can't work out.没有什么是我们不能解决的。

Sentence 3：There's nothing we can't talk about.我们之间无话不谈。

而 as long as 可以进行如下仿写：

Sentence 1：As long as we work together，we can overcome any difficulties.

Sentence 2：As long as we stick to it，we will realize our dream.

第三，找准仿写点。仿写点可以是语言表达，如风景、人物的描写；也可以是篇章结构，如文章的开头或结尾，甚至可以是描写手法。

例1：Unit 2，Book 5 Puzzles in Geography：Sightseeing in London

在教授本课时，教师首先让学生参考文中所给的动词和形容词，收集描写迷人景观的词句。然后进行有针对性的句子仿写。

Sentence 1：*When it comes to* Zhangzhou，*my first impressions* are excellent climate，long history and beautiful scenery.

Sentence 2：Many visitors *like* the surroundings in the town so *much that* they'd like to live there for a life.

在完成一定量的输入之后，教师要求学生以 *A Trip to* … 为题进行仿写，用4～5个句子向他人介绍自己的家乡。在完成写作之后，教师通过实物投影仪展示学生习作，并进行习作讲评。根据讲评，学生进行二次修改。

例2：Unit 1，Book 4 Women of Achievement

Using language：Why Not Carry On Her Good Work?

在进行本课阅读授课时，教师首先让学生圈画出描写林巧稚品质的词语，其次写下本文三个重点句型，让学生模仿造句。

Sentence pattern 1：There was a story of …

Sentence pattern 2：By chance …came across …

Sentence pattern 3：What made her succeed was that …

在完成模仿造句之后，教师要求学生将模仿句与原文句子进行对比，并带着问题思考：作者通过何种方式把句子写得更为生动？通过比较，学生可以直观地发现，名词受到形容词或定语从句的修饰，动词受到副词修饰，因此句子变得更加生动、丰富、饱满。

在平时的写作教学中，教师要抓住仿写训练机会，包括句子、段首、段尾的仿写。通过有意识的仿写，学生的写作能力才能得到逐步培养，从而达到一个质的飞跃。

别样精彩

——有感于黄远振老师的三问"读后续写"

　　读后续写作为写作新题型,可谓"万千宠爱"。无论是教学小白,还是教学老手,在读写的这条泥泞道路上,都难免深陷其中。黄远振老师连续三周三问读后续写,读来甚是过瘾。文章由表及里,层层递进,说现象、析问题、找原因、给答案、做建议。关于读后续写,如果你也有一些问题困扰于心,久未得解,那么你定会从黄远振老师对"读后续写"的三问中,找寻到你要的答案,为你释疑解惑。

　　一问读后续写教学,"形似"或"神似"？文中讲到教师借着真题或模拟题来"说事",最终难免只是徒有其表。但若不论读续材料长短多少,都能用心读之,思之,写之,就能做到神似。在实际教学中,我确实感受到,有的学生洋洋洒洒写下两大段,看着"料足",再加上字美,阅卷老师不免被其外形所吸引。仔细读之,实则言语无味,离题万里。但有些文章,看着不仅"量少"而且字不雅,少了些赏心悦目。然则,读之,句句在理。可谓"事事有回应,件件有着落"呀。有别于武学"先求形似,后求神似"的提法,黄老师在文末提出"先神似,再神形结合,最终神形合一"。形同易,神似的奥妙难寻。反其道而行之,我未问其中缘由,也觉神胜于形。想来,我终究还是少了些好问精神,不甚了了。

　　二问读后续写,"创造"与"模仿"孰重？我尤爱文中这句:"'怎么写',检测考生模仿语言的能力,教师需引导学生模仿前文的词句、表达方式和语言风格,而非'舍近求远'、补充过多材料。"是的,近在眼前的东西为何不用,却苦苦寻觅远在天边的事物？我对"写什么"检测考生创造内容的能力有疑惑。彼时,我对"创造"二字有所不解。于是,就故事的情节构思能否被称为"创造"的问题请教黄老师。我在读续教学中发现:多数学生一旦能捕捉到故事基本梗概,便能往下编。写作中存在的问题是逻辑不清晰、过渡不自然。当然,还有各种各样的语言问题。黄老师回答:创造,即能够指出续写的每一段的三个要点,就这么简单。其内容要点包含了故事情节、人物动作及内心活动。之前,我对创造的认识是想出新方法或做出新事物。基于此,我认为单凭几个问题设计是不能培养学生的"创造"能力的。如若是,这创造的门槛也太低了。而老师的解答顿时化解了我长久以来对何为"创造"的困惑。

三问读后续写,内容要点何以自洽?在我看来,这篇文章,无论对老师或学生都是很受用的,具有指导作用。黄远振老师的文章发表时,恰好学生期中考结束,我想让学生也学习这篇文章,原因有二:一是强化学生对读后续写的理解;二是加持的作用,即老师日常对读后续写的强调是有根据的。通过这篇文章,学生对读后续写会有更多了解。因为文中几处内容有益于学生对读后续写的理解:一是高考评分主要看内容;二是每段续读提出三个要点,写汉语英文均可;三是内容要点既要"丰富"也要"自洽"。请教过程中,黄老师再次强调老师要指导学生写作,要不断引导学生加强问题设置的能力。读后续写关键看教师的引导和示范。课后,我问学生有何收获?学生说,续写要重视要点提炼,确保不跑偏;续写不能乱编,因为有边界。听着学生对我说了这番话,我觉得他们是看懂了。

一问一答,一文一解惑。好的文章让人读来有趣有味,在黄远振老师三问读后续写的文章中,我感觉到别样的语言与思维之美。

第八章

教学微评

"三新"背景下高中英语词汇
教学的课例点评

  各位老师下午好,本场区域教研活动已圆满结束,感谢各位老师线上精彩发言。这是我们 2024 届的第三场区域教研,前面两场教研主题分别是读思课、以读促写。今天研讨主题为:"三新"背景下高中英语词汇教学的实践探索,教学内容是选择性必修二第二单元 Using Language-Build Up Your Vocabulary,采用同课异构形式。因为疫情,两位老师在录课的过程中遇到了不少的问题,他们想尽办法克服困难,最终为我们呈现了两节精彩的课。

  常说"得词汇者得阅读,得阅读者得英语"。和旧教材相比,新版人教社高中英语教材词汇教学主要有两个方面的特点:第一,注重生词的复现,通过复现及时帮助学生巩固、加深对单词和词块的理解和记忆。第二,借助语境呈现词汇,在文本中用黑体体现生词,引导学生关注生词在语篇、语境中的使用特征。

  本版块 Using Language-Build Up Your Vocabulary 的活动主要围绕 Reading and Thinking 语篇中的重点词汇进行设计,由三个活动组成,具体如下:活动 1 是纵横字谜,既注重单词的拼写,又通过英文释义,让学生更准确地把握单词的意思。这有助于学生扩大词汇量,同时培养学生用英语思维的能力。活动 2 是句子填空,旨在检测学生对词汇意义的理解和单词拼写的准确程度。题目中提供了丰富的语境以及相关搭配。活动 3 是短文填空,用于巩固课文中的重点词汇,也是对前面阅读内容和阅读话题的补充和拓展。

一、整体评价

(一)课例 1 点评

1.教学设计

本节课为词汇教学课,授课教师基于学情分析进行教学活动设计,巧妙地将游戏活动和课堂教学有机结合,从词到句,从句到篇,由浅入深,由简到繁。本节课教学流程为 Warming up—Quiz—Crossword puzzle—Think and complete—Translation—Fill in the blank with the correct forms of the words—Homework。教学过程清晰流畅,教学环节环环相扣,线条清晰;稳扎稳打,达成教学目标。

2.亮点

教师上课亲切、自然,善于运用激励性语言鼓励学生积极参与课堂教学。教师设计多样的词汇学习活动,学生在教师引导下,以自主、合作、探究的方式共同完成活动;活动井然有序。通过观察学生的上课反应及师生间的教学互动,我们可以感到学生的上课状态是愉悦的,学生享受课堂,教师享受教学。整体授课体现了教师良好的个人专业素养和课堂组织能力。

3.建议

根据授课内容,建议教师思考如何恰当地对学生进行跨文化知识渗透。比如,本课出现 comfort zone,是否可以拓展 learning zone、panic zone,启发学生对"舒适区"的思考,对"When in Rome, do as the Romans do."这句话的理解,以及对"How did the student's life change when studying abroad for the first time?"这个问题的思考。

(二)课例 2 点评

1.教学设计

授课教师以语篇情境为依托进行词汇教学,适时引入竞赛环节,课堂节奏紧凑,课堂内容丰富,有层次感。教学过程中适时融入跨文化背景信息,既帮助学生理解词义,也体现了跨文化教学目标,具有教育意义,完成了预设教学目标。本节课教学流程为 Word-guessing game—Discussion—Brainstorming—Practice—Discuss & Practice—Discussion—Vocabulary Web—Homework。

2.亮点

本节词汇课以游戏作为导入环节,生动有趣,能形象直观地把学生带入情境当中。

通过重点回顾环节 Recap 构建语义网;通过语义网,培养学生的建构能力和学生的思维品质。充分挖掘了文本的育人因素。比如设置 Work with them from my story 环节,引导学生进行思考,及时对学生进行品德的教育,做到立德树人。

作业设计环节,要求学生运用词汇构成方法,围绕本单元的词汇特点进行写作。写作既有交际策略也有文化意识的渗透。课件简约而不简单,精致而不奢华,注重文字、图片选用和色彩搭配,有效发挥课件的辅助作用。

3.建议

本课依托情境创设,落实学习任务。建议教师思考如何在恰当的时候,把本课教材内容的活动嵌进去,以更好地完成本节课的教学内容。

二、总结

两位老师能基于学生已有的知识和经验,设计不同层次的教学活动。这就表明教师在平时教学中能够有意识地研究学生的知识起点、能力水平。在施教过程中,教师需从学生的实际情况出发,考虑学生的可接受性。教师只有设身处地为学生着想,才能设计出合理有效的教学活动,以达成教学目标。

参考文献

人民教育出版社等.普通高中课程标准实验教科书.英语选择性必修 2(教师用书)[M].北京:人民教育出版社,2022.

"一师一优课，一课一名师"

——Unit 2，Module 11 Detective Stories 语法课例点评

一、背景介绍

为贯彻落实十八届三中全会提出的"构建利用信息化手段扩大优质教育资源覆盖面的有效机制"，根据教育部 2014 年教育信息化工作部署，决定开展"一师一优课，一课一名师"活动。

二、活动目的

"一师一优课"意思是每位教师能够利用信息技术和优质数字教育资源，至少上好一堂课。"一课一名师"意为每堂课至少有一位优秀教师能够利用信息技术和优质数字教育资源讲授知识。活动旨在充分调动各学科教师在课堂教学中应用信息技术的积极性和创造性，建设一支善用信息技术和优质数字教育资源开展教学活动的骨干教师队伍；促进优质数字教育资源的开发与共享，推动信息技术和数字教育资源在中小学课堂教学中的合理有效应用和深度融合。

三、课例点评

本节课的教学内容为人教 2003 课标版《英语》选修十一第二单元 Detective Stories-Studying and Exploring Language 第二部分 Grammar，是关于状语从

句运用的语法复习课。本单元的话题是"遵守社会法规""如何处理社会问题与社会争端""犯罪与惩罚""用科学的方法来侦破犯罪案件"等。内容涉及两起重大杀人案的侦破、"红发俱乐部"的秘密等中外著名侦探故事。本节课教学重难点是状语从句的引导词及其在语言输出中的恰当运用。

教学过程中,教师通过设计一系列学习活动,使学生的脑力活动得到锻炼。课堂45分钟高潮不断。构思含有状语从句的最短恐怖故事,让学生在分享的过程中,感受到知识性、趣味性;快速说出状语从句种类的头脑风暴,让学生有小试身手的感觉;状语从句引导词正误使用的趣味比赛则让学生感受到何谓"乐中学";情境造句活动"谁是凶手",更是激荡脑力,将本节课的学习推向高潮。通过听、说、练、写活动,再次学习状语从句,以此达到巩固基础的目的。

本节课的教学过程自然流畅,环环相扣,由浅入深。取得如此教学效果与教师充分备课是密不可分的。充分的备课密不可分。在整个备课过程当中,从课型确定到教学过程、教学活动设计,授课教师认真思考,大胆实践。其间我们反复探讨、不断论证,对课文内容大胆舍弃、提炼、改造,只为了更好呈现教学内容,让学生在有限的45分钟内感受学习之美,动脑之乐。授课过程中教师所展示出来的淡定从容也是由千锤百炼而来的。所展示的学生活动只是冰山一角,其内部的思想活动更是让人为之着迷的。

结束后,我们共同反思这节课如何改进,比如活动指令如何做到更简洁、更清楚、更准确,以及课堂上如何更好地开展师生、生生的教学互动。但瑕不掩瑜,这是一节不走常规,有突破、有反转的课。

参考文献

1.人民教育出版社等.普通高中课程标准实验教科书·英语选修11(教师用书)[M].北京:人民教育出版社,2013.

2.中华人民共和国教育部.关于开展2019年度"一师一优课、一课一名师"活动的通知[EB/OL](2019-03-01)[2020-07-15].http://www.moe.gov.cn/srcsite/A06/jicys_jyzb/201903/t20190311_372911.html.

担任"华文杯"全国师范生
教学技能大赛评委有感

且将新火试新茶,诗酒趁年华。

由中国教育技术协会微格教学专业委员会主办,闽南师范大学外国语学院承办的第八届"华文杯"全国师范生教学技能大赛已圆满闭幕。"华文杯"全国师范生教学技能大赛是目前国内规模最大、参与高校最多、影响最广的教学技能比赛之一,旨在为全国师范生提供教学技能展示和交流的平台。

师范教育是教师成长的"摇篮",也是教师专业化成长的一个基础环节。教学技能大赛的开展有益于强化英语专业师范生的教学能力,培养其创新意识,促进学科发展,以建设一支高素质、专业化、创新型的教师队伍。

"华文杯"英语教学技能交流展示内容包括四个环节:写教学设计片段的文稿、说整课教学设计思路、模拟授课和现场答辩。写教学设计片段文稿和说整课教学设计思路环节中,学生既要说教材、说教法、说学情,还要说学法、说教学过程。这不仅需要专业理论知识,还需要教育学、心理学、现代教学理论等相关知识。其次,模拟授课是理论与实践结合与融通的过程。模拟授课虽然只有十分钟,但是这短短的十分钟展示了一个教师的教育教学能力,展示了其教学设计理念、教学语言、课堂掌控力、板书设计能力、应变能力等。虽说这十分钟展示已反复演练,烂熟于心,但偶发情况仍是对选手临场应变能力的考验。最后的现场答辩环节是对选手专业素养、知识储备、教学技能、语言表达和教育机智的综合考查,具有难度大、要求高的特点。

一、第八届教学技能大赛的亮点

（一）与时俱进的教学理念

英语学科核心素养要求从语言能力、文化意识、思维品质和学习能力等四个维度把学生培养成全面发展的人。参赛选手的教学设计能体现新课标理念，整体规范合理。能基于文本研读进行教学设计，通过研读文本、把握文本主题、创设合理情境、增强问题设计等教学方法实现对学生关键能力的培养。

（二）扎实的教学基本功

参赛选手整体素质好，都是各个学校精挑细选，经过反复训练后才获得资格代表学校参加比赛的，这个过程可谓是"过五关斩六将"。选手的精彩表现离不开个人的充分准备、导师的精心指导、团队的大力支持以及学校的重视。

（三）调控课堂能力强

课堂掌控力是教师一项基本功，而课堂语言则是教师进行教学的主要工具。模拟授课为选手提供了一个知行合一的实践平台。在授课过程中，选手们能较好运用语言组织教学，表现为语音准确清晰、表达自然流畅，并能运用有声语言、肢体语言调控课堂，比如语调、语气和语速，做到传情达意。

（四）善用信息化教学手段

选手展现了较强的信息技术辅助英语教学的能力，信息化教学手段当中用得最多的是多媒体教学。选手能根据教学需要，插入音频、视频或设置动画效果，辅助教学。课件整体制作精美，要点突出，层次清楚，并能依据授课内容，选用不同设计模板，以便更好地服务课堂教学。

（五）精心设计教学板书

板书设计是课堂教学设计的重要内容，也是师范生的一项教学基本功，既有利于传授知识，也利于梳理教学思路。参赛选手巧用思维导图设计板书，展现授课主要内容，体现"简明、清晰、美观"的特点。

二、展示活动中存在的问题

(一)教学设计方面

参赛选手的英语素养良莠不齐,有些选手教育理论学习相对缺乏,有些选手将新旧课标混为一谈,有些教学设计理念相对滞后,有些片段教学设计内容不完整或顺序颠倒,有些语法知识不扎实等。

(二)教学实践方面

在教学实践方面,参赛选手存在的问题主要有:有些选手发音不准,课堂语言不准确,表达略显随意。有些选手板书不规范,比如中英文标点符号混用;有些选手板书内容过多、过杂。有些选手课堂教学过度追求热闹,表演痕迹太重,略显"浮夸"。

三、提升师范生教学技能的建议

(一)加强理论学习,提升实践能力

通过理论学习,同学们进一步开阔视野,更具反思能力。同时,实践能力提升需要有人示范和引领。在这过程中,高校、中小学双方应加强合作,密切联系,共同促进教师专业发展,比如加强教育实习、优化校内＋校外培养模式。这些措施能够促使学生提升理论水平、专业素养和教师技能,有益于学生提升就业竞争力,并为未来职业生涯打下坚实基础。

(二)深入研读文本,做好教学设计

如同生活中的"撞衫","撞课"在比赛中也是难免的。所谓撞课并不可怕,制胜在于深入研读文本,精心设计教学。研读文本应努力做到"四度",即挖掘文本内涵的深度,立足文化的高度,恰当体现跨学科知识的宽度,唤醒人性真善美的温度。通过文本研读,教学设计才能做到出新出奇。教学技能比赛的授课课型和授课内容可以自选,这是自由,更是考验。把"自选动作"

做精彩,就要根据选手自身特点定课型,选文本,以便选手发挥特长,展示自我。

(三)加强基本功训练,加强相关知识学习

师范生应增强基本功训练,比如课堂语言追求准确、清晰、流畅、自然;加强对三笔字(粉笔字、钢笔字、毛笔字)的训练;教学板书要做到书写工整规范、条理清晰,服务教学。丰富教学辅助手段,提高课件制作能力。善于运用教具,以优化课堂教学,比如图片、简笔画、图式材料(思维导图、图表等)。

总之,英语教学技能交流展示活动为选手们提供了教育理论及教学实践的展示舞台。选手们在赛前精心准备,在赛场上展示才华。通过一系列展示,选手们对教育教学理论有了更加直观的认识,对未来职业发展也有了更深的思考,各方面能力得到锻炼提升,这为他们的职业生涯打下了坚实的基础。但教学远不止教学本身,教学永远"在路上"。

第九章

研学思考

新西兰研学随笔

一直以来,新西兰给我的印象是牛羊成群,绿树如茵。当得知将去新西兰进行一个月的教材教法培训时,我上网搜索了一些关于新西兰的资料,对这个遥远而又陌生的国家有了更多了解。怀着憧憬与美好的想象,经过 12 小时的飞行,我们一行 11 人,终于到达了"世界上最后一块净土"——新西兰。

学习生活

我们的学习活动主要在剑桥国际学院进行,授课内容包括新西兰教育制度介绍、教育教学法、口语课、语法课等。老师们或是治学严谨,或是风趣幽默,或是耐心友善。课堂上,老师鼓励大家认真思考、大胆表达。我们在交流沟通中加深了相互了解。其中让我印象深刻的是各种各样的课堂游戏。在游戏中,大家享受那份独特的轻松愉悦与融洽自在。游戏让人克服恐惧,学会勇敢;游戏让人释放天性,享有自由。对于这些课堂游戏,教师只需稍加改动,就能将其科学地运用到课堂中。授课效果一定不错!

我们上课时间从星期一至星期五,早上 9:30 开始,下午 3:00 结束。中午 12 点到 1 点是午餐时间。新西兰中小学的授课时间也大抵如此,学生的课业负担相对较轻。每天早上,我吃好早餐,备好午餐,8:35 准时出发上学。午餐通常是自制三明治、酸奶和水果。吃腻时,我就以泡面代之。从家里到公交车站,步行只需五分钟。通常,走路和候车都只有我一人。早班的公交车乘客极少,最多时候也就搭载 5 人。途中,偶有人上车,偶有人下车。经常到了半途,车上只剩我和司机两人。一开始我不太习惯这种安静。

30 分钟的车程是惬意的。偶尔和开车师傅聊聊,偶尔自己记记路名,遇到不懂的单词,赶紧查查文曲星。我一路欣赏沿途的美景,享受这段无人打扰的时光。哈,几周下来,我还真学了不少东西。我爱这种简单而纯粹的生活。

路上文化

记着到汉密尔顿那天,院长首先带着大家到车站购买车卡。一拿到地图,大伙儿就研究起明天该如何乘车到校。接着李院长按着线路,把我们一个个送到 homestay(寄宿家庭)。想到第二天要独自坐公车上学,我不免心里有些发毛。因为我对于东西南北的感觉差了些,方向感差说明前庭功能差,生物课上的内容大体我是忘记了,不过这点我倒是记着了。但是要做到不迷路也不是不可能的,我也是有办法的,那就是死记路名。这一路走来,我没有迷路。我不仅没迷路,也未曾错过站。这真是万幸!

第二天上车,我用心把所经过的站牌都记下来,发现一个有趣的现象。与我们一样,在新西兰按路的大小来命名街道,直接明了。我住在 Finchly 24,直走经过 Ashgrove(ash 意思是梣木,grove 意为林荫小路),左拐上 Nottingham Road(诺丁汉路),再左拐就到了 Fifth Avenue(第五大道),一路开过 Waikato River(怀卡托河,新西兰最长的河流,被称作"新西兰母亲河"),看到 Victoria Street(维多利亚大街),再看到写着"Man never listen. Still, it's nice to know they can."的广告牌时,我就心安了。因为,我知道学校离我不远了。这是一个助听器的广告,广告词很有意思,充满创意。这句话的意思是"男人从来不听。不过,知道他们能听得见确是美妙。"每次看到这个广告牌,我都会心一笑。

我们中文所讲的林荫小路、大街小巷新西兰也都有。而那些无法抹去的英国痕迹让我万分感慨。潮来潮去,不管世界如何变迁,历史是永恒的存在。

异域风情

我们从北岛到南岛,一路下来,我不得不说:这真的是一个如画的国家。当你面朝大海,就有那么几分春暖花开的感觉。无论是阳光还是霓虹,在这里都是明媚的色彩。那清新而又湿润的空气似乎弥漫着新西兰独有的味道:平静、安宁。正因这份平静与安宁,日子多了一份淡淡的优雅。

回来之后,朋友问起我对新西兰的印象。我的回答是:干净、青绿。湛蓝的天空、绿色的草地、清新的空气。那蓝,那绿,那份灵动构成了我的记忆:那是闪着优雅的光的新西兰。

写下一些感触,只是有感而发,未必准确,但绝对真实。

(1)曾经读过这样一段话:在一个陌生的国家里生活就像在离地面很高的空中踩钢丝,没有自己的国土之网来支撑他:家庭、朋友、同事,也没从小就熟悉的语言可以帮助人轻易地说想说的话。一个月的异国生活,让我对这句话有了更深的体会。

(2)海湾大桥和单边桥。据介绍,奥克兰海湾大桥建于 1959 年,设计者依据上、下午车流方向的不同,调整车道以适应流量需要。初闻此法,我感觉奇妙无比。还有在人烟较少的地区,大多桥梁只有一个车道以减少造桥成本。起初我觉得很纳闷,桥怎么那么窄,只能容纳一辆车通行。后来我才明白,单边桥是新西兰节约资源的一个典型代表。过桥时,司机需要减速判断前进方向的交通标志,先到先过。这看的是自觉,凭的是文明。

(3)踩踏草地。初到新西兰的我诧异于草地居然可以随意踩踏。一经解释,我才晓得这种草是耐踩型的品种,而我们国家多为观赏型草种。新西兰有高尔夫天堂之称,以人均计算,新西兰球场资源比任何国家都多。放眼望去,是大片大片绿地。学校的硬件设施也好,拥有足球场、网球场、棒球场、曲棍球场等各种运动场馆。

(4)短裤短裙。八月的新西兰正值冬季。穿着毛衣、羽绒服,我仍觉得有些冷。可是,老师穿着薄薄的衬衫,外加一件线衣;学生着短裤短裙;海边遛狗的人穿着短 T、短裤、凉拖,更有甚者穿着吊带背心。我有点发晕了,这是冬天还是夏天?

(5)厨房的故事。Brenda 是我的房东,为了表示欢迎我,我们去超市购物时,她特意为我买了半斤大米、一包面条,还有一包燕麦。看着那么迷你的米袋,我想起了家里多则 20 斤、少则 10 斤的米袋。也记着 Brenda 为我做的甜点,还有牛肉炖土豆,外加菠菜、洋葱,这是我喜爱的一道菜。这让我想起了大力水手。

Brenda 洗的碗,我真的不敢恭维。说实话,总觉得不太干净。还有 Brenda 煮的饭,是米心没熟透的那种,硬硬的。记得我建议 Brenda 把饭放在微波炉里多煮会儿,这样会柔软些。她却回我,饭多煮一会儿,那水就全没了。听 Brenda 这么一说,我有些愣住了——难道她没想过可以多放些水吗?早些时候,Brenda 的另外一位房客(他来自江西)曾经告诉我,他告诉 Brenda,饭要多煮会儿才不会那么硬。不料,Brenda 说这样煮饭是很危险的,会爆炸。我俩只能一笑置之。

（6）旅游做饭。在新西兰旅游,偶尔自己做饭是不错的选择。原因有二:其一外面吃的不仅不合口味而且贵。其二,几乎所有的 motel 都配有厨房和齐全的餐具。在结束一天的行程后,我们去 New World 或 Pak'n'Save 超市购买蔬菜、肉、水果。然后,大家一起动手准备晚餐,以安抚那思乡的胃。

（7）面巾纸。出发之前,我了解到新西兰是一个非常环保的国家,于是我带了好几包面巾纸,但最终没怎么用上,因为新西兰公厕基本上都配有手纸,甚至到了新西兰最北部的灯塔(Lighthouse)也有。可是当我看到人们用手纸擦手时,一抽两三张——那纸张很厚实,质量极好——顿觉甚是浪费。

北京观摩学习手记

北京之行,虽然只有短短几天的学习时间,但令我印象颇深,收获多多。布置的任务总是要完成的,于是我翻看写得满满的笔记本,稍加梳理思考,把零散的想法串成文字。

一、所见

(一)书香校园

对北京市海淀区教师进修学校附属实验学校的参观学习,让我更加深刻体会到何为"思路决定出路"。与有着百年历史的漳州一中相比,显然这是一所相当年轻的学校。整个校园充满生机与活力,有着中国传统书院风格的环境和园林式的校园。目之所及,中国元素无处不在:独具特色的中式长廊、凉亭、茶室乃至竹帘,这些元素构成一道靓丽的校园风景线。

(二)会操比赛

参观那天,学校正进行课间操会操比赛。同样是每天见惯了的早操,但有着不一样的演绎。不管是喊口令,还是站姿、蹲势,学生都把精气神体现得淋漓尽致;无论是进场还是退场,学生都做到井然有序,场面壮观,令人赞叹。同学们的早操队列就像阅兵式上整齐的方阵,从中我们看到他们无处不争先、无处不精致、无处不完美的品质。

二、所听

几天下来,专家教授们的讲座让人感受深、触动大。

(一)"零距离"倾听

北京市海淀区教师进修学校附属实验学校董洪军副校长以"笃行求知,超越自我"作为交流会的题目,介绍了学校德育工作经验和"以先进理念引领学校发展,以先进文化促进教师成长,以先进活动引领学生成才"的德育理念。其中提到培养学生的中国品格与国际公民素养,即继承和发扬中华民族优良传统,在未来参与国际事务与国际竞争。这样的做法令人印象深刻。正如董副校长所讲:"虽说学校至今仍未完美,但已处处见精彩。"

北京师范大学教育学院吴国珍教授做题为《引发教师心灵智慧的叙事探究》的讲座,其中讲到"优秀教学源自心灵""追问教师专业成长中的问题?""你需要重新求证,乐于自我改变,自我求证的状态"等。这些表述通俗易懂,这些表达也让人耳目一新。"如果一个教师只满足于经验而不对经验深入地思考,那么20年的教学经验,也许只是一年工作的20次重复。"美国心理学家波斯纳所说的话,似乎为教师素质"水涨而船不高"的尴尬找到了产生的根源。他提出了教师专业化成长的公式:成长=经验+反思。面对教学,教师需要不断体验与揣摩,总结与反思,传承与升华。这也就是说,作为一名教师,认识自我与认识学生和认识学科同样重要。吴教授的讲座让我重新思考教师的角色。其他教授对课程课改、教育教学等方面也都提出了自己独特的看法。一个个讲座好比一块块压缩饼干,浓缩精华,精彩无限。专家教授们把高深的教育理论进行分析加工,形成鲜活灵动的知识;这些理论来源于教育实践,又指导教育实践。

(二)面对面交流

17日我们参观了人民教育出版社,然后分组交流。马晓蕾和陆锡钦两位老师为我们介绍初、高中教材情况。为及时将新理念和新教材修订情况等介绍给全国各地的老师们,他们举办了多场现场培训和在线交流活动。通过两位老师的详细介绍,我们了解到新教材的几大变化。第一,新教材提供初高中词汇衔接表。词表附在教师用书后,便于师生做好初高中词汇衔接。第二,新教材阅读(Comprehending)的设计更有层次,并在文本旁标注行数,方便师生阅读;Writing 强调 discourse 和 syntax;增加 Fun Reading,提升阅读趣味性;听力缩小篇幅,降低难度。

听完两位老师的介绍,我们围绕对教材的建议与教学中的困惑与两位老师做了交流。比如,Integrating Skills 能否增加中文翻译? Writing 部分能否提供范文? 教师用书能否对语音、朗读做系统介绍? 对于不同阶段的语法知识学习,学生应该掌握到什么程度,教材对此能否有更明确的要求? 在教学中,如何做到文化传承?

参观人民教育出版社以及跟人教社两位老师的交流,让我觉得不虚此行。

三、所知

人们常说:育人者必先自育。但事实是教师们最关注的往往是怎样"育人",如何"育己"却通常被忽视。《礼记·学记》有言:"是故学然后知不足,教然后知困。知不足然后能自反也,知困然后能自强也。故曰教学相长也。"教学相长本义并非指教与学双方的相互促进,而是指教的一方以教为学。教师本身的学习是一种学习,而教导他人的过程更是一种学习。

此次北京考察学习对我有颇多帮助,也让我更加深刻地体会到:教学不止教学本身,仅有良好的专业素养是远远不够的。教书者必先强己,育人者必先律己。在教师的教学生涯中,如果只有学生的成长,而没有教师的自我成长,那是不完美的成长。教师首先应当成为学习者,只有教师自身不断地学习,才能更好地完善自己,才能让教育始终保持一份生动和灵性。

四、结语

美好的事物总是耐人寻味,哪怕是一段话或者只是一个句子都让人感动不已。因为这是凭我个人能力,苦苦思索而不得其解的。而如今却突然他乡邂逅,让我欣于所遇,快然自乐。

附录

高中英语学习问与答

问:高考英语复习应注意什么?

答:1.回归基础,强化词汇。考前要重视基础,不要死磕那些难、偏、怪的题目。词汇基础奠定了听、说、读、写的整体高度。

2.梳理语法,形成脉络。重视高考语法的高频考点。

3.回归真题,梳理考点。做近3~5年的高考真题或各省质检卷,这些题目设置科学、合理,借此查漏补缺。

4.尽量做到一题多用。比如:阅读题可做、可读、可改。每天读几遍,你一定会有收获。

5.复习阶段要及时整理错题,努力做到"题不二错"。

6.背单词是家常便饭,单词背诵要坚持到底。

问:高考英语词汇考查范围是什么?

答:1.得词汇者得天下,词汇积累是英语学习的基础。

2.《普通高中英语课程标准(2017年版2020年修订)》附录2词汇表共收3 000个单词。包括:

义务教育阶段要求掌握的1 500个单词。

高中英语必修课程应学习和掌握500个单词,累计达2 000个单词。

选择性必修课程应学习和掌握1 000个单词,累计达3 000个单词。

各地根据实际情况在词汇表所收词的基础上,再选择增加200个词。

3.必备词汇:数词(基数词和序数词)、月份、星期、主要国家名称及相关信息。

4.构词法:合成法、派生法(前缀、词根、后缀)、转化法、缩写和简写。

5.不规则动词表、动词搭配、易错词汇。

6.重视词汇的复习巩固,并通过各种学习扩大词汇量。

问：如何高效地学习英语单词？

答：1.在《语言学习策略》一书中，Oxford(1990)提出学习策略的分类及词汇学习策略举例(见表1)。

表1　Oxford(1990)的学习策略分类及词汇学习策略举例

学习策略分类		词汇学习策略举例
直接策略	记忆策略	使用关键词的方法记忆单词
		把新学的词与其意义相近或相反的词联系起来
	认知策略	利用新学的单词造句
		分析英语词汇中的词根和词缀(前缀、后缀)
	补偿策略	在语境中猜测某生词的意义
		在交际中，用图画画出自己想表达却不知道的词，使对方理解并说出此词
间接策略	元认知策略	计划每天记忆一定数量的单词，记录在生词本上，并定期复习
		写日志，反思词汇学习
	情感策略	背单词前进行冥想练习，缓解焦虑情绪
		对自己取得的进步进行鼓励，并奖励自己
	社交策略	提问，让对方详细解释不明白的词
		找一个高水平的英语学习者探讨词汇学习策略

2.根据艾宾浩斯遗忘曲线所揭示的记忆规律进行有规律的词汇复习。

3.选用适合自己的背单词软件，如扇贝、百词斩等。

问：语法复习关注什么？

答：1.根据《普通高中英语课程标准(2017年版2020年修订)》附录3，高中阶段要求学习和掌握的语法项目具体分为词类、构词法、句法。

2.词类：名词、动词、形容词、副词、代词、数词、介词、连词、冠词、感叹词。

3.构词法：合成法、派生法、转化法等。注意构词法在语法填空中的运用。

4.句法：句子种类、句子成分、基本句型、谓语动词的时态、被动语态、动词的非谓语形式、主谓一致、并列复合句、主从复合句、省略。

问: 如何进行听力备考?

答: 1.听力在高考题型中属于回报高的板块:首先考生要重视听力训练;其次重视积累听力话题词汇;最后熟悉真实场景中不同说话人的语音、语调,包括连读音、爆破音、重读音,以及说话方式等。

2.熟悉常见听力场景及话题。高考英语听力常见场景涵盖电话场景、会议场景、授课场景、餐馆场景、校园/图书馆场景等。听力话题广泛,包括购物、就餐、问路、看病、邀请、询问时间、假日活动、买票等。这样可以降低听力考试中的焦虑,有效增加听力部分的得分。

3.听力过程中,注意听前做好预测,缩小目标、定位关键词;听中巧做笔记,帮助回忆关键细节;听后及时核查,提高准确性,避免遗忘。

4.加强与数字有关的训练,比如加、减、乘、除。

5.注意人名、地名及其他专有名词所传递的相关信息。

6.平时听力练习不戴耳机,以适应考场环境,因为高考英语听力使用喇叭进行播放。

7.回听错题,回看文本。

8.常规练习方法

时间:每天坚持 15～20 分钟听力训练。

内容:听力话题尽可能丰富。

语速:可以比高考语速略快。高考听力平均语速为 120～140 词/分钟。

问: 如何备考阅读理解?

答: 1.认真阅读! 只有走心的阅读,才能改善思维。

2.熟悉阅读理解题型。阅读理解主要考查主旨大意题(文章、段落)、细节理解题、推理判断题、猜测词义题、观点态度题。

3.熟悉阅读理解命题方式。正确选项常用:同义替换、简化总结、合理推断、正话反说、反话正说。干扰项常用:无中生有、曲解文意、颠倒是非、以偏概全。

4.熟悉阅读体裁:应用文、记叙文、说明文、议论文。不同体裁,阅读重点不同。比如新闻、报道、研究类型的文章,中心句和关键词通常在首段。

5.储备阅读素材,扩大知识背景,积累阅读词汇:传统文化、新兴科技(航天、探月)、生物、地理、化学、天文等。

6.学会运用简单句8种基本句型分析长难句。

7.善于从阅读理解中积累词汇、美句。每篇3～5个单词、词组或句子。

问:如何备考七选五?

答:1.七选五突出语言的工具性和交际性,重点考查文章的行文结构和逻辑意义。做题过程中既要看懂文章,了解文章结构和作者的写作思路,又要理解选项含义。

2.考点表现为主旨概括句、过渡性句子、注释性句子。段首多为主题句,段中为上下文衔接句,段尾多为总结句。

3.重视文章结构和主题。注意大标题、小标题和首末两段。

4.段首选项:注意代词,尤其人称代词、指示代词。还要注意表示上下文的逻辑关系的词,比如 instead、but、however、also、still、therefore、just。

5.段中、段末选项:注意同词复现、同根词、同源词、近义词、反义词等。

6.七选五选项中有两项为多余选项,这会对文章中两个空的选择构成干扰。对于考生而言,把干扰项选上已经可怕了,更可怕的是串填正确的选项,这就非常影响总分,建议考生要预留充分的答题时间。

问:如何备考完形填空?

答:1.完形填空考查考生的阅读理解能力和词汇的综合运用能力,所选语言材料有利于考生进行语篇分析,有较好的区分度。完形填空选项用词具有初中基础词汇、核心词汇占比不小的特点。

2.关注答题顺序。一阅二填三查。一阅为阅读全文,了解文章大意。尤其要重视首段及首句。首句信息完整,学生可以根据首句、首段对文章内容做大概推测。二填先易后难,先远后近。所谓"先远后近"指的是前面选项信息不充足,因此可以等阅读全文后,再选填。犹豫时,先依靠语法,后依靠语感。考虑固定搭配、词语辨析等。三查,即运用代入法,把答案代入原文,看上下文逻辑是否合理通顺。

3.对于体裁为记叙文的完形填空题,学生需关注两条行文线索:事件线/明线和情感线/暗线。通过事件线,理清故事脉络与情节发展变化。通过情感线,了解文章的情感基调,这对具有褒贬意义的词语选择大有帮助。

4.完形填空以动词考查为主导,因而要重视动词和名词的复习并做好动词短语的归纳。动词是句子的灵魂!在答题的过程中,要以句子为单位,以动词为中心进行思考与判断。

5.注意辨析词语的基本意义、引申意义、特殊含义、固定搭配,以及近义词的辨析等。

6.对熟词生义、一词多义进行专题复习。

7.解题过程中,对于犹豫选项可利用词汇复现、文化背景、生活常识等方法辅助答题。

问：如何备考语篇填空？

答：1.语法填空考查考生对语法、词汇和语用知识的掌握情况。

2.重视答题顺序：首先通读全文，圈画关键词。其次先易后难，努力突破难点。最后，再读文章，检查答案。

3.有提示词的考查点：

(1)动词：时态主要考查一般现在时、一般过去时、现在完成时和过去完成时。并强化训练谓语动词和非谓语动词；

(2)名词：考查名词单复数，注意观察名词前面的限定词；或考查名词前面的冠词或代词，或主谓一致；

(3)形容词和副词：主要考查两者词性互转，以及比较级、最高级或者反义词。

4.无提示词的考查点：

(1)冠词：a、an、the；

(2)介词：介词搭配；

(3)代词：人称代词、反身代词等；

(4)定语从句关系代词：who、whose、which、that等；

(5)连词：并列连词和连接副词的选用，如 but、and、so、however、otherwise；

(6)状语从句：before、after、when、until、since 等。

5.固定搭配：抓高频词和词组等基础知识。

6.熟悉重点句式，比如，one …the other …, some …others …；

either … or …；neither … nor …，

both … and …；not only … but also …, not … but …；

so … that …, such … that …；on one hand …；

on the other hand …

7.加强篇章意识，重视上下文逻辑关系分析的训练。

问：如何进行写作备考？

答：1.新课标针对高中英语学业质量设置三个水平,这既是指导教师开展日常教学的依据,也是阶段性评价、学业水平考试和高考命题的重要依据。学业质量水平主要用于检测选择性必需课程的学习结果,是英语高考命题的主要依据。学业质量水平对于写作的具体要求如下：能在书面表达中有条理地描述自己或他人的经历,阐述观点,表达情感态度；能描述事件发生、发展的过程；能描述人或事物的特征、说明概念；能概述所读语篇的主要内容或续写语篇。

2.认真读题、审题,圈画写作要点、次要点。

3.留有足够时间进行写作,避免因为时间不足导致审题不准。

4.高分作文基本特点：要点齐全,表述准确；语言优美(词汇丰富,句式多变)；衔接巧妙,行文流畅。

5.书写"颜值"很重要,要让阅卷老师"一见钟情"。

问：如何备考应用文？

答：1.应用文写作属于半开放式写作，学生根据要点提示完成写作任务。

2.熟悉应用文常考类型：邀请信、介绍信、建议信、感谢信、申请信、自荐信、道歉信、投诉信、祝贺信、通知（书面通知、口头通知）等。

3.积累应用文写作常用的表达方式，尤其首段和末段。

4.注重在写作中拓展和添加与主题相关的细节，做到具体、准确，以使行文连贯。

5.应用文写作词数 80 个左右，建议写成 3 至 4 段。做到重点突出，结构合理，层次分明，条理清楚。

6.注重积累高考热点的写作素材、相关话题词汇，并背诵好文。

问：如何备考概要写作？

答：1.了解概要写作试题要求：概要写作是阅读理解和书面表达的结合。考生根据一篇350 词以内的短文，缩写出一篇 60 词左右的内容概要。

2.熟悉概要写作评分标准。评分时，应主要从以下四个方面考虑：对原文要点的理解和呈现情况，所用语法结构和词汇的准确性，上下文的连贯性，各要点表达的独立性情况。

3.概要写作步骤。

第一步：浏览全文，把握文章大意。

第二步：找出每段主题句或归纳段落大意。

第三步：改写主题句。改写常用方法：转变语态、句型转换、词汇转换。

第四步：巧用过渡词衔接成文。

第五步：词数控制在 60～70 词。

第六步：检查誊写。

4.熟悉、做透近几年高考概要写作真题。

问：如何备考读后续写？

答：1. 了解读后续写试题要求。读后续写题型创造性地将阅读与写作深度结合，能够有效考查学生的综合语言运用能力、思维能力和学习能力，充分体现了高考评价体系所倡导的综合性、应用性和创新性。试题要求考生根据一段 350 词以内的语言材料的内容、所给段落开头语进行续写（150 词左右），将其发展成一篇与给定材料有逻辑衔接、情节和结构完整的短文。

2. 了解读后续写评分标准。阅卷时将主要考虑以下内容：

(1) 与所给短文及段落开头语的衔接程度。

(2) 内容的丰富性和对所给关键词语的覆盖情况。

(3) 所用语法结构和词汇的丰富性和准确性。

(4) 上下文的连贯性。

3. 掌握读后续写答题方法：

(1) 通读全文，确定 5W+1H，即时间、地点、人物、起因、经过、结果。

(2) 细读两个段首句，圈画关键词。

(3) 结合合全文，考虑"4 衔接"。

衔接 1：续写内容和前文内容的衔接；

衔接 2：第一段首句和下一句的衔接；

衔接 3：首段末句和第二段所给句的衔接；

衔接 4：第二段首句和下一句的衔接。

(4) 每个段落通过设置 2～3 个问题对续写段落进行情节构思。

4. 续写段落和续写首句衔接常用方法：与首句主语衔接、与首句宾语衔接、与首句逻辑衔接。

5. 结尾常用方法：升华主题、概括内容、回扣主题等。

6. 读后续写总词数要求 150 个左右。考场时间分秒必争，词数多了浪费时间，词数少了文章不饱满。建议每个续写段落平均字数控制在 80 词左右。

问：冲刺阶段如何提高英语成绩？

答：1. 英语考查突出语用能力、学科能力；稳中求变，体现适度创新。

2. 重视（听力、阅读、完形、写作）高频词汇。牢记词汇的本义、转化义、引申义，以及常用搭配，多关注熟词生义。

3. 听力是投入少，回报高的板块。重视听力训练，并积累听力场景词汇。

4. 重视写作热点话题并积累相关写作词汇。考试时，确保留有足够时间进行写作，避免因为时间不足导致审题不细做题不准。书写确保工整清楚。

5. 合理分配复习时间，语法训练时间不宜过多。考生要重视语法高频考点，及时整理错题。

6. 回归基础，回归真题。考前要重视基础，不要死磕那些难、偏、怪的题目。做历年的真题或质检卷，这些题目设置科学、合理，能真实反映考生存在的问题。

7. 注重心态调整、考试节奏，合理安排答题顺序和答题时间。

问：如何合理分配高考英语答题时间？

答：试卷题目数、分值和建议答题时间见表2：

表2　高考英语试卷答题时间分配

内容	节	题量	分值	时间/分钟
第一部分 听力	一	5	30	20
	二	15		
第二部分 阅读理解	一	15	37.5	28
	二	5	12.5	10
第三部分	一（完形填空）	15	15	12
	二（语篇填空）	10	15	5
第四部分 写作	第一节应用文	1	15	15
	第二节续写	1	25	30
总计		65＋2	150	120

参考文献

Oxford，R. L. 1990. Language learning strategies：What every teacher should know [M]. Boston：Heinel & Heinle Publishers.

后　记

　　回忆整理书稿的过程,其间有过想放弃的时刻,有过迷茫困惑的时刻,有思而不得辗转反侧的时刻,如今想来这些时刻甚是美好。在这过程中,我收获知识,收获亲情,收获友谊,收获喜悦。

　　本书的出版得益于许多师友的关爱与支持。首先,我要感谢吴硕贤院士欣然提笔为本书作序,感恩这份支持与厚爱。感谢黄远振教授的指导与引领,先生的序让我再次感觉到语言的美好和思维的魅力。感谢毛浩然教授的帮助与指导,这让我获益良多。此外,我还要感谢吴超男老师的悉心指点与无私帮助。在本书写作过程中,从书本框架到文章题目,吴老师所提出的建设性意见都是极其宝贵的。最后,我要感谢家人的支持和关爱。

　　再次感谢所有关心帮助、鼓励支持我的领导、老师、同事、朋友、学生、家人。何其有幸,与你们相遇,感恩一路有您!

游淑华于芗城

2023 年 7 月 15 日